이 책은 공공신학이라는 뚜렷한 분과에 속한 연구이면서도 성경 본문을 차근차근 꼼꼼히 다루었다는 점에서 다른 책들과 확연한 차별성과 가치를 지닙니다. 수천 년 전을 배경으로 형성된 성경을 어떻게 오늘의 현실에 적용할 수 있을지에 대한 커다란 과제 앞에서 포기하거나 피해 가지 않고, 신중하지만 간절하고 설득력 있게 성경 본문을 해석하고 적용해 나갑니다. 저자가 바라는 것은 오늘 우리 시대에 쓸모 있는 신학, 함께 살아가는 우리 시대 동료 신앙인들의 현실적인 삶에 와닿는 신학을 전개하는 것이고, 본서는 그의 작업이 제대로 결실하였음을 보여줍니다. 저자의 바람대로 함께 살아가는 모든 이들을 향해 우리 시대 신학이 "번영하는 삶"의 내용과 실천을 드러낼 수 있기를 소망합니다.

김근주_ 기독연구원 느헤미야 교수

신학이 갖춰야 할 덕목은 이론적이면서도 현실적이어야 한다는 것입니다. 그리고 무엇보다 중요한 것은 그 신학의 모든 내용이 성경의 토대 위에 전개되어야 한다는 것입니다. 지금 우리에게 공공신학은 탈기독교 사회인 한국과 그 안에 있는 한국교회의 현실을 성경적 통찰에 근거하여 날카롭게 재구성해낼 때 유의미한 신학이 될 수 있습니다. 공공신학이 성경의 서사가 뿜어내는 지혜와 통찰을 담아냈으면 했고, 이점에 늘 의문을 품고 있었습니다. 이 의문에 저자가 멋지게 답해주었습니다. 공공신학에 활력을 불어넣은 그의 도전에 박수를 보냅니다.

김기현_ 로고스교회 목사

"공공신학"(공적 신학)이란 용어는 상대적으로 근래에 만들어진 용어입니다. 하지만 신학이 성경을 통해 시대에 응답해야 하는 책무가 있다는 점과 성경 역시 당대의 상황과 그에 대한 하나님의 말씀이 담겨있다는 점을 고려할 때, 공공신학의 원리는 성경 곳곳에서 충분히 찾을 수 있고 또 찾아내야 할 의무가 있습니다. 물론 해석학적 여과 없이 특정한 성경의 예를 오늘의 공공신학적 원리로 삼는다면 큰 낭패를 볼 것입니다. 저자는 이 점을 깊이 숙지하고 신학적으로 충분히 검증된 원리들을 담은 공공신학적 성경 읽기 방법론으로 이 책을 시작합니다. 저자는 공공신학적 성경읽기의 세 가지 키워드로 "모든 사람을 위한 윤리", "유배를 넘어 회복을 꿈꾸는 희망", "샬롬을 추구하는 복음"을 제시하고 기독교 신학이 공동선을 추구하는 공공신학으로 나아가야 한다고 주장합니다. 구약에서 여섯 본문과 신약에서 네 본문을 선정하여 정치적 책임, 자연법, 하나님의 무소부재, 복지, 사회정의, 회복적 정의, 이중 시민권자로 살아가기, 시민 불복종, 기도의 공공성, 샬롬을 위한 신학 등 다양한 주제들을 공공신학적 안경으로 주도면밀하게 분석하고 우리 시대에 필요한 적실한 적용점을 제시합니다.

이 책은 삶의 현실을 고민하는 공공신학자의 성경해석이 돋보입니다. 날카로운 분석, 경건한 격려와 권면이 매 장마다 계속됩니다. 조국 교회를 사랑하는 마음이 글 속에 깊이 묻어있습니다. 무엇보다 균형 있는 글쓰기를 통해, 다루기 어려운 이슈들로 독자들을 친절하고 조심스럽게 안내합니다. 각 장 말미에 수록된 유익한 토의 질문들은, 이 책을 함께 읽고 나누며 참 복음에 대한 이해를 넓히는 데 도움을 줍니다. 혹시라도 교회 안에만 갇혀있을지 모를 목회자들과 신학도들뿐만 아니라 교회를 넘어 보다 넓고 균형있는 사고의 지평을 꿈꾸는 그리스도인들이라면 반드시 이 책을 집어 드세요. 저자에게 고마워할 겁니다.

류호준_ 현 성서대학교 초빙교수, 백석대학교 신학대학원 은퇴교수

교회 안에 갇힌 복음은 더는 복음이 아닙니다. 이런 문제의식에서 출발한 공공신학은 기독교의 복음이 교회의 담을 넘어 사회와 공적 영역에서 어떤 영향을 끼쳐야 하는지 탐구하는 분야입니다. 이 책은 공공신학의 기초적인 개념과 성경의 가르침을 연결하고, 우리 시대 기독교가 어떻게 공동선을 추구해야 하는지 그 방향을 제시합니다. 교회를 향한 우리 사회의 신뢰도가 급격히 하락하고 있는 시대이지만, 그러기에 오히려 지금이 역설적으로 복음이 사회에 변화와 도전을 줄 수 있는 시기임을 저자는 강조합니다. 깊이 있는 내용을 담고 있지만, 누구나 잘 아는 성경 이야기를 쉽고 편안한 문장으로 풀어낸 것은 이 책의 가장 큰 미덕입니다. 공공신학에 관심 있는 사람뿐 아니라 이 시대 교회와 복음의 의미에 물음표를 가진 모든 분들에게 이 책을 강력히 추천합니다.

최주훈_ 중앙루터교회 목사

공공신학의 눈으로 본 성경

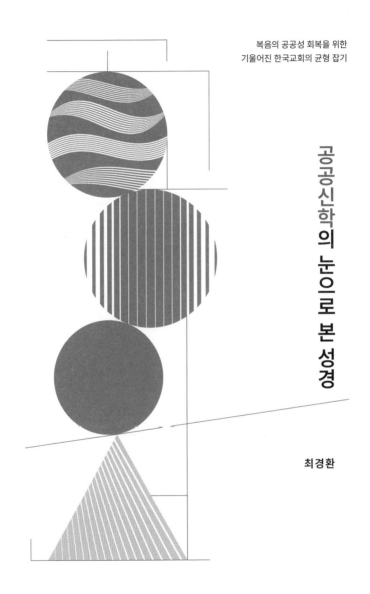

복음의 공공성 회복을 위한
기울어진 한국교회의 균형 잡기

공공신학의 눈으로 본 성경

최경환

지우

| 차례 |

저자 서문 °

그동안 공공신학은 기독교의 복음이 공적인 영역에서도 충분히 의미 있는 메시지를 전달할 수 있고 공동선을 추구할 수 있다는 전제 하에 그 방법과 실천을 신학적으로 고민해 왔습니다. 지난 몇 년간 공공성은 신학 연구에 있어서 가장 중요한 키워드가 되었고, 많은 학자들이 각자의 전공 지식과 연결해 공공신학을 직간접적으로 연구해왔습니다. 이는 단순히 학술직인 관심에 그치지 않았고, 현재 많은 교회들이 복음의 공공성과 공적 참여를 위해 노력하고 있습니다. 목회자들의 의식도 많이 바뀌어 공적 교회를 만들려는 시도들 역시 조금씩 늘어나고 있습니다. 그럼에도 여전히 한국교회의 전반적인 체질은 바뀌지 않았고 공공신학 역시 대중적으로 큰 관심을 받지 못하고 있습니다. 여기에는 몇 가지 이유가 있다고 생각합니다.

첫 번째 이유는 공공신학의 성경적 근거가 부족하다는 것입니다. 어떤 종류의 신학이든 그것이 교회와 그리스도인의 신앙생활에 깊게 뿌리를 내리기 위해선 성경적인 근거와 토대가 분명하게 제시되어야 합니다. 그동안 공공신학을 공부하고 강의하면서 늘 공공신학에 대한 성경적 자료가 있으면 좋겠다고 생각했지만 좀처럼 찾기가 어려웠습니다. 열심히 해외 논문도 찾아보고 인터넷 자료들도 검색해 봤지만 원하는 자료를 구하기가 어려웠습니다. 공공신학이라는 학문의 역사가 짧아서 그럴 수도 있겠지만, 다른 한편으로 공공신학과 성경을 연결하는 작업 자체가 쉽지 않아 그럴 수도 있겠다는 생각이 듭니다. 이는 공공신학이 나오게 된 배경을 알면 쉽게 이해가 됩니다.

기본적으로 공공신학은 세속화라든가 민주주의 혹은 다원주의라는 시대적 조건에 적응하면서 탄생한 학문입니다. 우리가 사는 세상은 시민들의 다양한 사회적 참여가 늘어나면서 세속화와 다원주의가 빠르게 진행되고 있습니다. 이런 상황 속에서 기독교의 존재 양식을 고민하기 시작한 것이 공공신학인데, 이런 고민과 문제의식을 성경으로부터 도출하기는 쉽지 않아 보입니다. 자칫 잘못하면 시대착오적인 해석과 적용이 될 수 있기 때문이죠. 어느 특정 본문을 선정해 그것을 공공신학의 성경적 근거라고 쉽게 치부할 수도 있고, 유사한 문제의식과 공유된 관점을 가지고 있더라도 시대적 맥락을 고려하지 않아 탈역사적인 해석을 할 수도 있습니다. 또 그동안 해방신학적 성경읽기라든가 대안적인 관점으로 성경을 해석하는 다양한 연구들이 나왔기 때문에 공공신학적 성경읽기와 그것들과의 차이점도 밝혀야 합니다. 공공신학의 관점으로 성경을 읽는다고 했을 때 과연 무엇이 얼마나 다른지를 보여줄 필요가 있습니다.

두 번째 이유는 공공신학이 너무 거대담론을 이야기하느라 구체적인 삶의 문제를 도외시한다는 것입니다. 최근 공공신학이 널리 회자되면서 이에 대한 비판의 목소리도 적지 않은데, 그중 하나가 지나치게 엘리트 중심적이라는 것입니다. 공적 영역에 적극 참여하고 실제적인 변화를 이끌기 위해서는 아무래도 사회 각 분야에서 주도적인 위치에 있는 사람들이 힘을 써야 할 테고, 대안적인 제도를 제안하고 바꾸는 일 역시 영향력을 행사할 수 있는 이들이어야 가능하기 때문이죠. 실제로 공공신학에서 하는 이야기를 들어 보면 거창한 담론이 많습니다. 단지 교회가 사회봉사 활동에 참여해야 한다거나 지역사회에서 좋은 일을 해야 한다는 차원을 넘어서는 경우가 많습니다. 사회의 다양한 영역에서 기독교가 공동선에 기여해야 한다고 말하면, 당장 일반인들이 할 수 있는 일이 그리 많아 보이지 않습니다.

세 번째 이유는 공공신학에서 다루는 주제와 내용을 교회에서 소화하기가 상당히 부담스럽다는 점입니다. 교회 밖에서는 얼마든지 정치적 이슈와 사회 문제를 주제로 토론할 수 있고 수다를 떨 수도 있습니다. 하지만 현재진행 중인 이슈를 교회에서 나누기는 모두에게 힘든 일이 되었습니다. 여전히 한국교회에서는 합리적인 토론이나 대화를 할 수 있는 분위기와 여건이 조성되지 못했다는 반증이겠죠. 공공신학이 세상을 향한 기독교의 공적 목소리라고 하지만, 그 목소리를 내야 할 교회는 전혀 공공적이지 못한 경우가 많습니다. 정작 한국사회에서 가장 민주적이지 않고 가장 공적이지 못한 곳이 교회라는 사실에 자아분열을 일으키고 있습니다. 교회가 사회를 향해 책임 있는 발언과 행동을 해야 한다고 할 때 과연 교회는 하나 된 목소리와 의견을 말할 수 있을까요? 교회는 누구의 목소리를 대변하고 누구를 위해 목소리를 낼 수 있을까요?

거창하지만 이 책의 목표는 앞서 제시한 공공신학의 문제를 제 나름의 방식으로 설명하는 것입니다. 성경으로부터 공공신학의 원리를 끄집어내고, 이 과정에서 조심해야 할 부분은 무엇인지 설명하고자 합니다. 또한 그 원리를 오늘날 우리의 현실에 접목할 때 그리스도인들은 어떤 태도와 자세로 살아가야 하는지 그 실마리를 제시하고자 합니다. 성경 본문을 해석하는 과정에서 자연스럽게 공공신학에서 다루는 주제나 이슈가 나올 수도 있고, 현재 한국교회가 놓치고 있는 점은 무엇인지도 깨달을 수 있을 것입니다. 평소 고민했던 지점들을 좀 더 날카롭게 만들거나 반대로 더 모호해질지도 모르겠습니다. 하지만 이 모든 과정이 공공신학을 실천하는 하나의 디딤돌이 되리라 봅니다. 공공신학은 하나의 방법론과 실천만 주장하지 않고 각자의 자리에서 각자의 전통을 통해 다양한 실천과 적용을 권장하기 때문입니다.

공공신학적 성경해석학에 대한 내용이나 전문적인 성경주해를 기대했던 분들에게는 이 책이 다소 아쉬울 수도 있습니다. 처음 기획 의도 자체가 공공신학을 전혀 모르는 분들도 성경을 통해 그 내용을 쉽게 접할 수 있게 하려는 것이었습니다. 그리다 보니 진문직인 신학이나 성서학의 내용을 다루기보다는 평이한 문장과 내용으로 이야기하듯 글을 썼습니다. 공공신학이 적용되고 실천되어야 할 영역은 결국 사람들이 모여서 함께 떠들고 이야기하는 공간입니다. 교회 안에서 금기시되었던 내용을 끄집어내서 함께 이야기하고 토론을 하는 것 자체가 공공신학을 실천하는 첫걸음이라 생각합니다. 각 장 마지막마다 소그룹 모임에서 활용할 수 있는 토론 질문을 제시했으니 적극 활용해 보시기 바랍니다. 교회의 공적 실천에 대한 고민을 성도들과 함께 나누는 것만으로도 큰 위로와 격려를 얻을 수 있을 것입니다.

코로나 이후에도 온라인으로 공공신학 세미나를 꾸준하게 진행했습니다. 이 책은 그 결과물이자 함께 참여했던 분들과의 우정의 산물입니다. 평소 책과 논문만 읽는 저에게도 공공신학은 어렵고 딱딱했습니다. 소설이나 드라마라도 틈틈이 보면 조금 더 생활에 밀착한 문제의식을 가질 수 있었겠지만 제겐 그조차 쉽지 않았습니다. 하지만 다양한 분야에서 일하는 분들과 공부를 하면서 실제적인 고민과 생생한 질문을 접할 수 있었습니다. 그 내용을 글로 모두 담아내지는 못했지만, 분명 이 책에는 그분들의 목소리가 곳곳에 배어 있습니다. 일일이 이름을 다 거명하지는 못하지만 좋은 질문과 코멘트로 생각을 날카롭게 만들어 주신 세미나 참석자분들에게 진심으로 감사드립니다. 직장인으로서 책을 쓰기까지 알게 모르게 도움을 주신 분들이 참 많습니다. 무엇보다 책의 기획단계부터 편집에 이르기까지 세세하게 신경을 써 주신 도서출판 지우에 감사드립니다. 기독교한국루터회 총회교육원에서 일하면서 연구와 집필을 할 수 있도록 배려해 주신 박일원 원장님과 저를 루터교회로 이끌어주신 중앙루터교회 최주훈 목사님께도 감사드립니다. 늘 비판적인 사유와 토론으로 신학적 자극을 제공해 주는 인문학&신학 연구소 에라스무스 연구원들에게도 감사드립니다. 마지막으로 사랑하는 아내 진화영과 세 아이 서린, 시우, 지안이에게 깊은 감사를 드립니다.

출판사 서문 °

그리스도의 식탁이 금으로 된 잔으로 가득 차 있으나 그리스
도께서 굶주림으로 죽으신다면 무슨 유익이 있겠습니까? 여러
분은 먼저 배고픈 이들을 넉넉히 채워 주고 난 다음 그 나머
지 것으로 제대를 장식하십시오 ··· 나그네로서 밤의 거처를 찾
아 헤매는 사람을 볼 때도 여러분의 생각을 그리스도께 돌리십
시오 ··· 여러분이 가난한 사람들을 도와주는 일을 성전을 장
식하는 일보다 먼저 하기를 간절히 청하는 바입니다 ··· 성전을
장식할 때 고통받는 형제를 멸시하지 마십시오. 살로 된 성전
이 돌로 된 성전보다 훨씬 가치 있기 때문입니다.¹

고대 교회의 가장 위대한 교부로 평가받는 요한 크리소스토
무스(~407)의 복음서 강해 중 일부입니다. 그는 수행에 자족

하지 않고 황실과 기득권층의 사치와 부자들의 탐욕을 고발하며, 어려운 이들을 돕고 그들과 연대한 인물이었습니다.[2] 비슷한 시기에 활동한 카이사레아의 바실리우스(329~379) 역시 가난한 자들 편에서 정의를 세우고 자비를 보인 인물로 유명합니다. 그는 주교직을 맡은 후 궁핍한 이들을 돌보고자 "바실리아드"라는 이름의 공동체를 세웠는데, 이곳에서 이민자들을 환영하고 수용했으며, 환자들을 치료하고 그들이 일자리를 찾도록 도와주었습니다.[3]

개인 경건에만 함몰된 이들로 오해받아 온 청교도들의 사회참여와 공동선에 대한 의식도 여태껏 우리가 크게 주목하지 못한 부분입니다. 영국 청교도의 아버지 윌리엄 퍼킨스(1558-1602)는 "공동선이 아니라 사욕과 사리만을 따르는 사람은 누구든 … 자기 소명을 소홀히 하는 사람입니다"라고 했고,[4] 뉴잉글랜드의 루터라 불린 토마스 후커(1586-1647)도 한 사회에 속하기를 선택하는 어떤 사람도 "전체의 행복을 증진하기 위해 그 사회를 이루는 구성원 가자와 연대하고 연결되는 것을 즐겁게 해야 합니다"라고 했습니다.[5] 믿음의 선배들의 이러한 통찰과 모범은 교회사에 무수히 존재합니다. 칼뱅이 있던 제네바는 온갖 난민들의 피난처였고, 도시 내의 공적 역할은 그의 사역에서 중요한 요소 중 하나였습니다. 가까운 역사를 살피면 전쟁의 참상을 막고자 독재에 저항한 이들, 차별과 억압에 맞선 여러 해방신학자들을 만날 수 있습니다.

타인의 형편을 살피고 돌보는 일, 보다 많은 이들과 함께 유익을 나누는 일, 불의에 맞서 공익을 지키는 일은 보편적인 윤리의 덕목이며, 이는 남을 나보다 낫게 여기고 이웃을 사랑하라는 복음의 정신과 동일합니다. 공공신학이 말하는 여러 주제들은 모두 성경이 말하는 것들이며 성경에서 발견할 수 있는 주제들입니다. 이 책은 공공신학의 여러 사상적 지류와 역사적 근거를 찾는 대신, 성경 본문을 직접 살피면서 공공신학의 원리와 적용점을 소개합니다. 저자는 "복음의 청중", "유배와 회복", "번영하는 삶"이라는 세 가지 관점으로 본문을 해석합니다. 이를 통해 독자는 성경이 쓰인 당시의 상황과 지금 우리의 상황을 고려하는 읽기와 해석을 배우게 됩니다. 이는 두 시대의 간극을 메워야 하는 성경해석의 중요한 태도입니다. 공공신학은 이러한 태도를 바탕으로 현시대의 요청과 질문에 진지하게 응답하는 신학입니다.

저자는 이 책을 통해 우리가 마주하기 어려워하는 정치, 정의, 차별, 혐오, 공생, 번영과 같은 문제들에 성실히 대답합니다. 이는 선지자들의 선포와 사도들의 가르침, 그리고 무엇보다 이 땅에 오신 그리스도의 삶의 행보에 기인합니다.

그런데 격렬하고 급진적일 것 같은 저자의 해석은 의외로 온건하면서도 익숙합니다. 이는 베드로전서를 통해 얘기하는 저항의 새로운 패러다임을 거쳐 공적 기도를 다루는 마지막 챕터에서 더욱 두드러집니다. 변혁의 적극적 주체로서의 교회와 거류민(나그네)이라는 정체성을 가진 교회, 이 둘을 균형 있게 바라보기 때문입니다. 저자는 공공신학의 독특함과 더불어 공공신학과 일반적인 신앙생활 사이에 공통적으로 공유하는 인식도 균형 있게 다룸으로 공공신학을 처음 접하는 이들을 세심하게 배려합니다.

진리는 앎과 행함이라는 두 지평을 통해 올바르게 인식되고 온전히 실체화됩니다. 배움과 깨달음에서 실천으로 나아가지 못하는 반쪽짜리 신앙은 기독교 신앙이 아닙니다. 행함이 없는 믿음은 죽은 믿음입니다(약 2:17). 하나님께서는 공공신학의 여러 의제들을 통해 이 시대에 우리가 감당해야 할 많은 사랑의 의무들을 구체적으로 알려주십니다. 또한 그렇게 함으로 우리의 믿음이 온전해지도록 인도해주시며, 종국에는 이 모든 것을 통해 하나님의 나라를 확장해 가십니다. 이 책이 이러한 일에 소중히 사용되길 간절히 소망합니다.

이 소중한 책을 집어 든 분들에게 마지막으로 드리고 싶은 말씀은 자신이 서 있는 곳과 저자가 서 있는 곳 사이의 간극을 올바로 이해하고자 노력해 달라는 것입니다. 그리고 서로의 언어 가운데 그때그때 잠시 생략되거나 강조되는 부분이 있을 수 있음을 절대로 잊지 말아 달라는 것입니다. 우리는 믿음과 배움을 강조하는 지체들이 행함을 결코 배제하지 않음을 잘 알고 있고, 현재의 시급한 실천적 의제에 좀 더 집중하고 있는 지체들이 하나님의 주권을 하찮게 여기거나 그리스도에 대한 믿음을 배제한 다른 형태의 구원을 인정하는 이들이 결코 아님을 잘 압니다. 저자가 공공신학의 키워드로 제시한 "번영하는 삶"은 물질과 환경의 번영은 물론이거니와 관계와 소통의 풍요로움도 포함하는 개념일 것입니다. 우리의 눈과 귀가 새롭게 밝아져 서로의 생각과 맥락을 사랑으로 이해하는 데 민감해졌으면 좋겠습니다. 예수 그리스도로 말미암은 새창조가 분명 이를 가능하게 할 것입니다.

지우

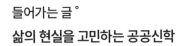

들어가는 글 °
삶의 현실을 고민하는 공공신학

오늘날 기독교는 모든 영역에서 중심부가 아닌 주변부에 위치하고 있습니다. 사회에서도 영향력을 상실한 채 조금씩 쇠퇴하고 있습니다. 이는 서구교회뿐 아니라 한국교회도 예외는 아닙니다. 한때 한국교회는 **성시화 운동**이나 **하나님나라 운동**이라는 용어를 사용해 마치 **크리스텐덤**(Christendom)에 살고 있다는 착각에 빠지기도 했습니다. 1970년대 이후 한국교회는 새마을운동과 함께 고속 성장을 했고, 2000년에는 선교단체들마다 부흥한국을 외치며 교회성장의 정점을 찍었습니다. 대형교회뿐 아니라 대학캠퍼스 선교단체도 크게 성장해 민족복음화에 대한 열망과 열정이 대단했습니다. 하지만 2000년 이후에는 기독교의 교세가 정체되고 점차 감소 추세로 접어들었습니다. 교회마다 주일학교는 급격하게 감소하고 문을 닫는 교회도 적지 않게 나왔습니다. 하지만 이런 교회의 감소 현상은 이미 예견된 일이었습니다. 사람들은 더 이상 무례하고 폭력적인 한국교회를 좋은 시선으로 바라보지 않았습니다. 점점 목회자와 교회에 대한 신뢰도가 하락하면서 이제 교회는 가장 신뢰할 수 없는 기관 중 하나가 되었습니다.

저마다 다양한 이유를 제시하며 한국교회의 쇠퇴 현상을 설명했습니다. 많은 분들이 목회자의 도덕적, 윤리적 타락을 먼저 생각하지만, 그것만으로 이런 현상을 설명하기는 어렵습니다. 다이나믹 코리아라는 말이 실감될 정도로 한국사회의 변화 속도는 정말 빠릅니다. 세대 간 격차도 눈에 띄게 벌어지고, 교회와 사회의 간극도 너무나 크게 벌어졌습니다. 한국사회의 세속화가 빠르게 진행되면서 사람들은 더 이상 종교에 기대지 않고 스스로 삶의 문제를 해결하려 했습니다. 사람들의 지적 수준이나 개인주의가 빠르게 상승한 것도 한몫을 했습니다. 압축적인 근대화를 통해 사회 곳곳에서 다양한 병리적 현상이 나타나고 사람들 역시 하나의 정체성으로 엮기 어려운 분열을 경험하고 있습니다. 교회에서 전하는 메시지가 확신과 위로를 주던 시기가 있었지만, 이제는 더 이상 정글과 같은 사회생활과 복잡한 인간관계를 모두 설명하기는 역부족이었습니다. 삶은 공식대로 풀어지지 않는다는 것을 깨닫게 된 것이죠. 경제적인 성장도 한몫을 했습니다. 그동안 그토록 복을 받으라고 교회에서 메시지를 전했는데, 이제 정작 복을 받아 잘 살게 되니 더 이상 교회에 다닐 필요가 없게 됐다고 할까요? 예전에는 가난하고 배고프고 삶이 고달파서 교회에 갔고 복을 받기 위해 교회에 갔는데, 이제는 그런 절박한 상황이 해결되니 군이 교회가 자신의 삶에 필요하지 않게 된 것이죠. 기독교가 그 이상의 메시지, 그 이상의 복음을 전해주어야 함에도 여전히 제자리인 느낌입니다. 예수님께서 너희는 바리새인보다 더 나은 의를 가져야 한다고 말했음에도 한국교회는 사회에서 윤리적으로나 도덕적으로 더 나은 모습을 보여주기는 커녕 계속 지탄의 대상이 되고 있습니다. 교회로 인해 지역사회가 더 따뜻하고 밝아져야 하는데, 오히려 천덕꾸러기가 되어 사람들의 걱정거리가 되었습니다. 세상을 섬기고 이웃을 돌보는 교회, 이 세상에 뚜렷한 비전과 목표를 제시하는 교회, 사회적 약자와 아픈 이들을 보살피는 교회, 사람들은 이런 교회를 기다리고 있습니다. 하지만 지금 한국교회는 자기들 배만 채우기 위해 무슨 짓이든 하는 이들처럼 보입니다. 그럴수록 교회의 선교는 더 어려워질 겁니다.

한국교회가 서구교회처럼 크리스텐덤을 경험한 적은 없지만, 현상만 놓고 보면 학자들이 말하는 **포스트크리스텐덤**

(Post-Christendom) 시대와 유사합니다. 사회의 다원화와 세속화는 빠르게 증가하면서 자연스럽게 교회의 영향력과 목소리는 점차 감소하고 있습니다. 예전에는 종교만이 할 수 있는 역할을 이제는 세속 사회에서도 충분히 대체할 수 있는 시스템과 재화가 마련되어 있습니다. 집안에 초상이 나도 이제는 보험회사에서 대신 처리해 주고, 끈끈한 공동체의식도 동호회나 다양한 모임을 통해 해소할 수 있습니다. 사실 이러한 사회의 변화는 그동안 서서히 진행되어 오다가 2020년 코로나19 이후에 더욱 가속화되어 이제는 누가 보더라도 사회에서 기독교의 영향력은 크게 감소했습니다.

북미와 북유럽의 탈종교 현상을 연구한 필 주커먼(Phil Zuckerman)은 『종교 없는 삶』에서 오늘날 왜 종교인이 줄어들고 있는지를 조사했습니다.[6] 저자는 다음 세 가지 근거를 제시합니다. 첫째, 1980년대 이후 미국의 보수적 공화주의와 복음주의 기독교 간의 친밀함이 사람들로 하여금 기독교에 대한 환멸을 느끼게 했습니다. 보수적 기독교인들은 낙태 불법화와 동성애자들의 권리 반대, 보수적인 성교육, 이스라엘 지원, 총기 규제 반대를 주장하며 공화당과 동맹을 맺었습니다. 사회학자들은 이런 동맹이 미국에서 무종교인이 증가하는 이유였다고 지적합니다. 둘째, 가톨릭교회 사제들의 소아성애 스캔들입니다. 통계를 보면 6,000명도 넘는 사제들이 성적 학대와 연루되어 있고, 그중 500명은 투옥되었다고 합니다. 가톨릭교회 내부에서는 이런 불미스러운 사건이 터질 때마다 성범죄자들을 체포해서 고발하는 대신 지방에 발령을 내리며 이 일들을 그냥 흐지부지 덮어두려 했습니다. 그 결과 많은 도시에서 가톨릭 교인들이 교회를 떠났습니다. 전국적으로 교인 수가 가파르게 하락한 원인이 되었습니다. 셋째, 여성 임금 노동력의 향상입니다. 여성들의 사회 진출과 노동력이 증가할수록 가족의 종교 참여는 줄어드는 경향이 있습니다. 덴마크와 스웨덴 같은 나라에서는 교회에 다니는 사람의 비율이 세계에서 가장 낮은 동시에, 집 밖에서 일하는 여성들의 비율이 가장 높은 나라입니다. 미국도 비슷한 양상을 보이고 있습니다.

필 주커먼이 제시한 세 가지 근거는 그대로 우리나라에도 적용됩니다. 지난 20년간 보수 기독교의 정치적 행보는 많은 이들에게 기독교에 대한 부정적인 이미지를 심어 놓는 데 큰 역할을 했습니다. 성직자의 도덕적, 성적 타락 역시 너무나 익숙한 소재입니다. 마지막 사회적인 요인 역시 현대인들이 자연스럽게 무종교인이 되는 요인으로 작용했습니다. 특별히 보수 기독교의 2020년 8·15 광화문 집회 이후 한국기독교는 사회적으로 엄청난 질타를 받고 있습니다. 전광훈 개인이나 몇몇 교회만의 문제를 넘어 한국기독교 전체가 사회적 비난의 도마 위에 올랐습니다. 사회에서 기독교를 보는 시선은 너무나 냉혹해 이미 그 임계점을 넘은 것 같습니다. 과연 기독교가 자정능력을 가졌는지 의심스러울 정도입니다.

하지만 우리는 희망을 놓지 말아야 합니다. 냉정하고 날카로운 비판은 새로운 도전과 출발을 향한 밑거름입니다. 오늘날처럼 무종교인이 늘어나는 시대에 기독교가 놓치고 있던 것은 무엇인지, 또 반대로 그들의 목소리를 통해 배울 점은 무엇인지 찬찬히 생각해 볼 때입니다. 무엇보다 그동안 신학은 무엇을 위해 존재했으며 실제로 무엇을 했는지 물어봐야 합니다. 과연 오늘날과 같은 무종교 시대에 신학의 쓸모는 무엇인지 진지하게 고민해봐야 합니다.

정말 우리의 신학은 현실에 발을 붙이고 살아가는 그리스도인의 삶에 얼마나 관심이 있을까요? 동시대를 살아가는 사람들의 관심과 고민 그리고 이들의 영적인 문제에 얼마나 관심이 있을까요? 요즘 사람들은 내세에 대한 지나친 집착보다 현실을 긍정하고 끌어안는 삶, 무거운 종교적 의무보다 서로의 삶을 돌봐주고 챙기는 공동체, 교리나 체계보다는 체험과 감정을 교감할 수 있는 연대, 자연과 일상의 신비를 충만히 느끼고 표현할 수 있는 감수성에 깊은 관심을 보이고 있습니다. 이런 관심과 태도가 그저 한때 유행에 그치고 말 단순한 취향이나 기호에 불과한 걸까요? 물론 그럴 수도 있습니다. 하지만 변해가는 사상과 삶의 태도를 무조건 따라가는 것도 문제이지만 현실과 동떨어져 현학적인 신학 논쟁만 펼치는 것은 더더욱 큰 문제입니다. 진정 사람을 살리고 세상에 생명을 주는 신학을 하려면 현재의 고민을 끌어안으려는 자세가 필요합니다. 그리고 실제로 이런 주제들은 성경과 신학에서 매우 중요한 주제이자 오늘날 많은 신학자들이 관심을 갖고 연구하는 주제이기도 합니다.

공공신학은 귀납적인 신학입니다. 신학의 의제를 미리 상정하고 그것을 오늘날 우리 사회에 적용하는 것이 아닙니다. 신학의 의제는 언제나 상황에 따라 변하고 바뀌기 마련입니다. 신학은 변해가는 삶의 문제에 적절하게 응답하고 대답해야 합니다. 그래서 공공신학은 어떤 원리나 원칙을 내세우지 않습니다. 본회퍼가 주장했던 것처럼 지금 우리에게 당면한 삶의 문제를 끌어안고, 구체적인 상황 속에서 누구를 도울 수 있는지 결단하는 것이 비로 신학의 과제입니다. 이는 공공신학에도 그대로 적용됩니다. 신학은 모든 이들을 하나님의 사랑과 예수 그리스도의 풍성한 생명으로 인도하는 학문입니다. 예수님은 참 인간이 되셔서 인간의 삶을 있는 그대로 살아내셨습니다. 이런 의미에서 신학은 실천적이고 실용적이어야 합니다. 예수님이 인간으로서 겪은 고통과 고난,

기쁨과 환희, 삶의 희로애락을 신학적으로 풀어내고 그것을 오늘의 삶과 연결하는 것이 신학의 과제여야 합니다.

앞으로 함께 나눌 이야기는 오래전 성경의 이야기를 21세기 대한민국의 교회 현실로 옮겨 놓으려는 무모하면서도 용감한 시도입니다. 공공신학의 궁극적인 지향점은 성경에서 말하는 샬롬의 비전과 유사합니다. 잘 사는 삶, 평안한 삶은 그저 좋은 차를 타고 넓은 평수의 아파트에서 안락하게 부를 누리는 삶이 아닙니다. 진정한 번영은 자신이 발을 딛고 서 있는 곳에서 자신과 타인 그리고 우리를 둘러싼 자연과 환경이 각자의 방식대로 온전함을 회복하고 누리는 삶입니다. 성경이 말하는 샬롬의 비전은 나만의 안전과 평화를 구축하는 것이 아니라 우리 모두가 함께 잘 사는 비전입니다. 공공신학은 이런 비전을 이루기 위해 지금 여기에서 우리가 해야 할 일이 무엇인지 묻습니다. 이 책을 통해 함께 고민하고 질문하고 나름의 답을 찾아 나서는 즐거운 여정이 되길 바랍니다.

1장 °
공공신학적 성경읽기 방법론

공공신학의 관점으로 성경을 읽을 때 주의해야 할 점은 앞서 언급했듯이 두 세계의 시대적 간극이 너무 크다는 점입니다. 예를 들어 **여성**신학이나 **해방**신학 혹은 **정치**신학의 경우 각각의 신학이 가지고 있는 신학적 주제와 문제의식을 성경에서 찾는 것이 아주 어려운 것은 아닙니다. 비록 그 내용이 빈약하기는 하지만 성경 속에서 여성의 목소리를 찾는다든가, 여성의 역할을 집중적으로 조명하는 것이 불가능한 것은 아니니까요. 해방이나 정치에 대한 이슈 역시 시대적 간극이 있더라도 얼마든지 성경에서 그 원리나 소재를 끄집어낼 수 있습니다. 이런 주제는 인류 공통의 관심사였기 때문에 시대와 지역을 불문하고 어느 정도 보편적인 접촉점을 찾을 수 있습니다. 하지만 공공신학의 경우는 다릅니다. 성경과의 접촉점을 찾기가 훨씬 어렵습니다.

공공신학을 어떻게 정의하느냐에 따라 그 내용이 달라지겠으나 보통 공공신학의 기본적인 배경은 민주주의와 세속화 그리고 다원주의라는 시대적 상황입니다. 그런데 이런 주제를 성경 속에서 발견하기란 불가능합니다. 성경 속에서 민주주의나 세속화에 대한 근거나 단초들을 억지로 찾아낼 수는 없습니다. 그렇게 하면 그야말로 탈역사적인 해석이 될 수 있습니다. 오늘 우리의 관심과 시대적 상황을 성경에 주입하는 꼴이 됩니다. 성경의 세계상과 공공신학 사이에는 너무나 큰 간격이 존재합니다. 물론 공공신학에서 중요하게 다루는 내용을 성경에서 찾는 작업도 가능합니다. 예를 들어 정의, 평화, 화해, 평등과 같은 주제를 성경 속에서 찾는 것이죠. 하지만 이런 주제별 성경 해석은 기존에 다른 신학에서도 이미 많이 해왔던 연구입니다.

공공신학의 관점으로 성경을 읽는다고 할 때 제가 선택한 방법은 먼저 공공신학의 문제의식을 가장 잘 대변할 수 있는 키워드를 몇 가지 선정하고, 그것을 성경 속에서 찾아내는 것이었습니다. 성경은 오랜 시간 다양한 역사적 변곡점을 거치면서 형성된 책입니다. 그 속에는 다양한 목소리와 주제들이 담겨 있습니다. 성경학자들은 **언약**이라든지 **하나**

님나라라는 중심 주제로 성경 전체를 해석하기도 하지만 성경에는 그 외에도 정말 다양한 삶의 이야기들이 숨겨져 있습니다. 공공신학의 관점으로 성경을 읽는 것은 성경의 중심 주제를 훼손하지 않으면서도 성경 속 다양한 목소리를 복원하려는 하나의 시도라 할 수 있습니다. 기존 성경 해석에 추가해서 하나의 보완적인 해석이라고 생각해 주시면 됩니다. 제가 찾은 공공신학의 키워드는 **복음의 청중, 유배와 회복, 번영하는 삶**입니다. 물론 이 세 가지 주제가 공공신학의 내용을 다 담아내는 것도 아니고, 성경의 내용을 다 품는 것은 더욱 아닙니다. 다만 저는 이 세 가지 키워드가 공공신학과 성경을 연결하는 중요한 해석학적 고리가 될 수 있다고 생각합니다. 그 내용을 하나씩 살펴보겠습니다.

복음의 청중

먼저 성경의 메시지와 복음의 수신자가 누구인지 물을 수 있습니다. 성경은 기본적으로 하나님께서 사신의 백성에게 주신 언약의 말씀입니다. 처음 하나님의 말씀을 듣고 기록된 말씀을 읽은 사람은 이스라엘 백성입니다. 신약성경의 말씀 또한 마찬가지입니다. 성경은 일차적으로 기독교 신앙을 가진 이들에게 주어졌습니다. 이렇게 성경의 청중이 누구였는지를 고려하는 것은 공공신학적 성경읽기에서 매우 중요합니다. 공공신학은 세상을 향해 선포된 말씀 혹은 세속 사회에서 복음이 발화되는 것을 기본적으로 전제하고 있습니다. 개인의 심성이라든가 교회라는 울타리를 넘어 모든 이들에게 선포되는 말씀, 온 세계에 전파되는 말씀을 주로 다루기 때문입니다. 성경이 쓰여진 시대에 세속적 공론장이라든가 신앙의 범위를 넘어서는 공적 영역이 존재했다고 보긴 어렵지만, 그럼에도 이스라엘 신앙 공동체를 넘어서 이방 민족에게 전해진 메시지 혹은 보편적으로 적용될 수 있는 율법이나 예언의 메시지들을 공공신학의 관점에서 살펴볼 필요가 있습니다. 만약 성경 속에서 신앙의 유무를 떠나 모두에게 적용될 법한 메시지나 윤리, 혹은 보편적인 메시지가 있다고 한다면, 그것을 통해 공공신학의 원리를 도출해낼 수 있지 않을까 하는 것이죠.

우리는 흔히 교회가 사회를 향해 예언자적 목소리를 내야 한다는 말을 자주 듣습니다. 사회의 부조리와 부패에 침묵하지 말고 구약의 예언자들처럼 하나님의 공의와 정의를 선포해야 한다고 말입니다. 그래서 어떤 목사님은 용기를 내서 구체적인 정치인이나 정책 혹은 사회 문제를 언급하고 거기에 대한 비판적인 목소리를 내기도 합니다. 사실 굉장히 힘든 일인데 대단한 용기를 가지고 한 것이죠. 어느 한쪽 편을 들거나 다른 한쪽을 비판하는 설교는 교회 내에서 분열을 일으키기 쉽고, 실제로 그 설교자가 성도들에게 미움을 받아 교회에서 난처한 입장에 처하기도 합니다. 그 내용이 보수적이냐 진보적이냐를 떠나 목회자와 생각을 달리 하는 성도들은 어디에나 있기 마련이고 그런 메시지를 교회에서 듣기는 괴로운 일입니다.

그런데 한번 더 이 문제를 곰곰히 따져볼 필요가 있습니다. 정말 오늘날 목회자들이 용기를 내어 설교하는 예언자적 설교가 구약의 예언자적 증언과 유사한 맥락일까요? 실제로 구약의 예언자들이 사회를 비판하고, 국가나 정부 지도자를 향해 비판의 목소리를 높였을 때 그 메시지의 청중은 누구였을까요? 적어도 하나님을 모르는 세속적인 왕은 아니었을 겁니다. 예언자들이 왕이나 정부 관료들을 향해 직언을 했기 때문에 그것을 오늘날에도 교회가 정부를 비판할 수 있다는 식으로 단순하게 연결짓는 것은 시대착오적인 발상입니다. 고대 이스라엘은 신정국가였고 종교와 정치가 긴밀하게 결합된 형태의 사회였습니다. 따라서 나단 선지자가 다윗 왕을 향해 지적한 것은 국가 정부를 향한 비판이기도 했겠지만 그보다는 하나님을 믿는 지도자로서의 덕목을 지적한 것으로 볼 수 있습니다. 이런 예언자들의 비판을 오늘날 그대로 적용해 목회자나 신학자가 정치지도자를 향해 비판의 목소리를 낼 수 있다고 말하는 것은 적절하지 못

합니다. 대한민국은 기독교 국가도 아니거니와 최소한 현재 대통령은 기독교인이 아닙니다. 그러니 나단 선지자처럼 **하나님 무서운 줄 알라**고 지도자를 향해 말하기는 어렵습니다. 예언자들이 전한 비판의 메시지는 주로 그들의 지도자가 하나님의 율법을 제대로 지키지 않은 것에 대한 비판이었습니다. 비판을 받는 사람이나 비판을 하는 사람 모두 동일한 전제, 즉 하나님의 율법과 말씀대로 살아야 한다는 기본 전제를 공유했기 때문에 가능한 행동이었습니다. 예언자들의 기소는 대부분 이스라엘 백성과 그들의 정치, 종교 지도자를 향한 것이었고, 그 내용은 하나님의 율법을 지키지 않았다는 것이었습니다.

하지만 지금은 상황이 다릅니다. 다원주의 사회, 즉 합리적인 사고와 판단으로 정책을 결정하고 수행하는 세속 국가에서 마치 본인이 구약의 예언자라도 된 듯 행세하면 어불성설이죠. 어쩌면 지금 우리가 구약의 예언자들이 했던 메시지를 이어받는다고 한다면, 그 대상은 정치지도자가 아니라 교회 지도자여야 합니다. 예언자적 증언이 하나님과의 언약적 관계를 바탕으로 이스라엘 백성에게 향한 것이었다면, 오늘 우리는 기독교 공동체 안에서 그 메시지를 풀어내야 하지 않을까요? 다시 한번 말씀드리지만 구약의 예언자적 증언을 들었던 청중을 우리는 진지하게 고려해야 합니다.

그래서 저는 메시지의 청중과 시대적 맥락이 달라졌기 때문에 소위 **예언자적 증언**(prophetic witness)도 달라져야 한다고 봅니다. 남아공의 기독교 윤리학자 에티엔 드 필리어스(Etienne de Villiers)는 "성경적 예언은 어느 정도까지 현대 그리스도인들에게 적합한 모델인가?"라고 물으면서, 성경의 예언은 성경 시대에 끝났기 때문에 더 이상 예언자적 증언이 우리 시대의 모델이 될 수 없다고 말합니다.[7] 예언자들의 메시지를 직접적이고 문자적으로 우리 시대에 적용하기는 어렵다는 것입니다. 다만 그들이 늘 하나님의 계획을 새롭게 해석하고 자신의 시대에 맞게 실천하려 했던 노력과 정신을 이어받아야 한다는 것입니다. 어쩌면 성경은 우리가 그들의 전통과 방식을 이어받아 우리 시대에 맞는 메시지로 전달하라고 초대하고 있는지도 모릅니다. **너희는 너희의 청중에게 너희의 메시지를 전하라**고 말이죠.

결국 예언자적 증언은 그들이 비판하는 사람과 공유하는 가치를 바탕으로 해야 합니다. 만약 비판하는 사람의 삶의 지평과 비판을 받는 사람의 삶의 지평이 다르다면, 그것은 엉뚱한 결과를 초래할 수 있습니다. 그리스도인이 비그리스도인을 향해 예언자적 증언을 한다는 것 자체가 모순입니다. 만약 이것이 가능하려면 그리스도인이라는 정체성을 배제한 채 그저 한 명의 시민으로서 해야 할 것입니다. 그래서 드 필리어스는 오늘날 예언자적 증언의 모델은 요나가 아닌 아모스여야 한다고 말합니다. 잘 아시다시피 요나는 하나님을 모르는 이방 민족 니느웨에 가서 하나님의 심판을 선포했습니다. 하지만 아모스의 경우 사회를 비판하지만 그가 비판하는 사회와 자신이 분리되지 않습니다. 같은 사회에서 공유된 인식을 가졌기 때문에 아모스의 메시지는 더 큰 공감대를 형성할 수 있었습니다. 따라서 우리가 성경으로부터 끄집어낼 수 있는 다양한 목소리와 실천적 지침은 일차적으로 기독교 공동체를 향하고 있음을 말할 수 있습니다. 예언자적 증언 역시 세상을 향해 할 것이 아니라 우리 자신 그리고 우리가 속한 공동체에 해야 마땅합니다. 우리가 속한 공동체를 따끔하게 비판할 수 있어야 하고, 동시에 긍정적으로는 우리가 가진 비전을 실현하기 위해 끊임없이 공동체를 갱신하거나 때에 따라선 대안적인 공동체를 만들도록 노력해야 합니다.

다원주의가 주는 유익

이렇게 성경의 청중이 공동체 내부를 향한 것이라면, 공공신학에서 말하고자 하는 대중, 공중, 세상을 향한 메시지는 어떻게 가능한지 질문할 수 있습니다. 이 질문에 대답하기 위해서는 몇 가지 해석학적 과정을 거쳐야 합니다. 일단 현재 우리가 처한 상황이 다원주의 사회라는 사실은 오히려 큰 도움이 될 수 있습니다. 어떤 이들은 다원주의가 마치 기독교의 큰 적이라도 되는 것 마냥 걱정하고 염려합니다. 아마도 종교다원주의라는 특정한 신학적 입장이 걱정되거나 다원주의를 수용하면 기독교의 신념체계가 흔들릴 수 있다고 생각하기 때문일 수 있습니다. 하지만 제가 말하려는 다원주의는 어떤 가치 체계나 신념에 대한 범주가 아니라, 그냥 우리가 살고 있는 현실 자체에 대한 진단입니다. 우리는 누가 뭐라고 해도 다원적인 세상 속에 살고 있습니다. 그리고 오히려 이런 다원적 세상이 우리의 복음을 전달하기 훨씬 수월한 세상이라는 걸 알아야 합니다. 불과 몇 세기 전만 해도 공적 영역과 사적 영역은 엄격하게 분리되어 있었고 종교는 공적 영역에 절대로 발을 들여놓아서는 안 되었습니다. 그건 개인의 취향이나 선택의 문제지 공적인 사안이 아니라고 본 것이죠. 그렇게 기독교는 근대적 공론장의 강압적인 교리에 짓눌려 사적인 영역으로 도피해 버렸습니다. 어쩔 수 없었죠. 그런데 지금은 어떻습니까? 오히려 공과 사를 엄격하게 구분하는 근대적 구분은 폭력적이라는 사실이 드러났습니다. 정체성의 정치, 차이의 정치가 부각되면서 이제는 다원적 근대성을 이야기하고 있습니다. 즉, 각각의 정체성과 집단을 있는 그대로 인정해 주면서 각 집단의 성향이나 지향성을 억누르지 않고 공적인 영역에서도 맘껏 표현하는 시대가 됐습니다. 그러니 이제 종교의 목소리도 그중 하나로 인정받을 수 있게 된 것이죠. 다원주의 사회가 오히려 기독교에게 새로운 기회를 제공했다고 볼 수 있습니다. 기독교적 가치에 바탕을 둔 공공성이라든가 공동선에 대한 메시지가 민주주의 사회의 공적 현안에 귀감을 줄 수 있는 제안이 될 수 있습니다.

이렇게 다원주의 사회 속에서 기독교가 하나의 목소리로 자리를 잡는다면, 그 다음 단계는 우리가 가진 복음의 능력을 사람들이 이해하고 설득할 수 있도록 합리적이면서도 매력적으로 제시하는 것입니다. 공공신학자들은 이를 **이중언어** 구사 능력이라고 말하기도 하고, 복음의 **번역**이라고도 말합니다. 성경의 1차 독자가 비록 하나님의 언약백성이라 할지라도 그 내용은 충분히 보편적으로 적용될 수 있는 것들이 많습니다. 가장 흔한 예로는 성경에서 정의에 대한 본문을 선택해 공적 담론에서 논의되고 있는 것과 연결하는 것입니다. 이미 이런 작업은 그동안 많은 성서학자들이 해왔기 때문에 이제는 어렵지 않게 그 내용을 접할 수 있습니다. 여기에 더해 성경 속에서 빈곤 문제나 생태적인 이슈를 찾아내 공적 담론과 연결할 수도 있습니다. 실제로 그리스도인의 사회참여나 공적 생활에 대한 성경 해석은 오랜 역사를 가지고 있으며, 공공신학과 성경을 연결하려는 노력은 지속적으로 좋은 결과를 가져오고 있습니다. 이처럼 공공신학의 관점으로 성경을 읽을 때 가장 먼저 고려해야 할 점은 성경의 본문이 단순히 이스라엘 백성이나 초기 기독교 공동체만으로 한정되는 것이 아니라 그 경계를 넘어서 이방 민족에게까지 적용되는지를 살피는 것입니다. 존 바턴(John Barton)의 책 제목처럼 성서를 통해 **온 세상을 위한 윤리**를 도출할 수 있는지가 중요합니다.[8]

유배와 회복

다음으로 살펴볼 키워드는 유배와 회복입니다. 성경을 해석하는 다양한 신학적 주제들이 있겠지만, 오늘날 우리들이 주목해야 할 주제는 유배와 회복입니다. 우리가 사는 시대를 진단할 때 신학자들은 한동안 포스트모더니즘이라는 개념을 많이 사용했지만 지금은 **포스트크리스텐덤**이라는 말을 주로 사용합니다. 이 말은 현재 우리가 기독교 세계 이후의 시대를 살아가고 있다는 뜻입니다. 계몽주의 이후 기독교는 공적 영역에서 쫓겨나 영광스러운 왕좌에서 변방으로 물러나고 말았습니다. 합리적인 의사소통을 통해 건전한 민주주의를 이룩해야 할 시점에 자꾸만 하나님의 뜻이라든가 도덕적 우월성만을 주장하면 공적 영역에서 스스로의 지분을 깎아먹는 꼴이 되고 맙니다. 어쩌면 그동안 기독교는 끈

질기게 그리고 고집스럽게 그들이 살고 있는 세상이 변했다는 사실, 즉 다원화되었다는 사실을 받아들이기 어려웠는지도 모릅니다. 포스트크리스텐덤이라는 말이 근래 들어 유행처럼 여러 신학 저서에 등장하는 걸 보니 이제야 현실을 받아들이고 인정하기로 했나 봅니다. 시대에 대한 진단이 바뀌니 신학의 내용과 방향도 바뀌게 됩니다. 자연스럽게 성경을 보고 해석하는 관점도 바뀌게 됩니다. 최근 많은 신학자들이 현재 우리가 처한 상황을 이스라엘의 바벨론 포로기와 유사하다고 이야기합니다.

월터 브루그만(Walter Brueggemann)은 이스라엘 백성들이 바벨론의 포로로 끌려가 유배를 당한 시기에 그들의 신학이 어떻게 바뀌었는지 설명합니다.[9] 이들은 기존에 자신들이 가지고 있던 신학으로는 더 이상 유배의 상황을 해명할 수 없음을 알게 됐습니다. 이스라엘이 바벨론에 의해 멸망당했을 때, 그들은 언약의 상징이라 할 수 있는 땅과 왕과 성전을 잃어버렸습니다. 이것은 하나님이 자신의 언약에 대한 상징으로 그의 백성에게 주셨던 모든 것이 사라졌음을 의미합니다. 그렇다면 이것은 언약이 깨졌음을 의미하는 걸까요? 이제 그들은 더 이상 하나님의 택하심을 받은 백성이 아닌 걸까요? 야훼 하나님은 그들을 버리신 걸까요? 이런 질문 앞에서 이스라엘 백성들은 자신들의 비참한 현실을 어떻게 받아들이고 해석했을까요? 어쩌면 그들이 처한 상황 자체가 새로운 신학적 창발이 일어나기 딱 좋은 상황이었는지 모릅니다. 유배라는 역사적 경험이 이스라엘의 정체성을 흔들고, 그들이 어디에서 하나님을 찾아야 하는지를 시험했습니다.

이젠 그들에게 기존의 신학은 작동하지 않았고 새로운 신학과 정체성을 재정립할 필요가 생겼습니다. 새로운 삶의 환경이 제기하는 도전에 응하기 위해 믿음에 대한 새로운 해석이 필요했습니다. 브루그만은 이 시기가 이스라엘 역사에서 가장 빛나는 신학적 성장기였다고 말합니다.

구약성경의 포로기는 유대인이 여호와 신앙을 저버리거나 절망에 빠지도록 하지도 않았고 사생활 중심의 종교로 물러나게 하지도 않았다. 반면에 포로기는 구약성경에서 가장 탁월한 성경책을 저술하도록 자극하였고 가장 눈부신 신학적 성찰을 이끌어냈다.[10]

자신들의 왕국이 무너지고 백성들이 포로로 끌려가면서 이전에 알고 있었던 가치관, 세계관, 신앙관이 새롭게 업그레이드되는 상황이 발생했습니다. 유배라는 상황은 이처럼 이스라엘 공동체에 새로운 신학적 상상력을 불어넣어 주었고, 신앙적으로 더 깊은 성찰을 할 수 있는 계기를 마련해

주었습니다. 이런 의미에서 많은 학자들이 유배기에 형성된 신학이 오늘 우리의 상황과 상당히 유사하다고 말합니다.

포스트크리스텐덤이라는 용어는 서구교회의 맥락에서 나온 말이지만, 그 분석을 잘 들어보면 우리의 상황과도 유사한 점이 많습니다. 먼저 최근 가장 빠르게 증가하는 종교적 소속은 **소속 없음**입니다. 무종교인의 비율과 숫자는 계속 증가하고 있는데, 이는 미국뿐만 아니라 우리나라도 비슷합니다. 오늘날 굉장히 빠르게 종교 인구가 줄어들고 있고, 특별히 젊은 세대에서 그 숫자는 더욱 빠르게 감소하고 있습니다. 이에 대한 다양한 원인 분석과 이유가 있지만 많은 이들이 물질적 풍요와 세속화를 이야기합니다. 필 주커먼은 『신 없는 사회』와 『종교 없는 삶』에서 북유럽 국가들이 복지 혜택이 늘어나고 삶의 수준이 향상되면서 종교 인구가 빠르게 감소했고, 종교 없이도 충분히 풍요롭게 살 수 있게 되었다고 설명합니다." 종교적 필요를 자본과 복지가 채워주고 사회적 관계와 연결망이 종교 공동체의 역할을 대체했기 때문입니다. 또한 세계화로 인해 민족 간의 갈등과 이동이 빈번해지면서 다국적, 다민족 국가가 증가했고 이는 자연스럽게 다종교 사회로 전환되는 상황으로 이어졌습니다. 이런 상황들이 크리스텐덤에 대한 전통적인 관념을 무너뜨리는 요인이 됐고, 점차 기독교는 문화의 주변부로 밀려나기 시작했습니다. 이는 마치 이스라엘 백성들이 바벨론에서 소수자로 살았던 상황과 비슷합니다. 그렇다면 포로로 끌려간 이스라엘 백성들은 어떻게 이방 땅에서 생존하고 그들의 신앙을 지켰을까요? 그들은 자신의 신앙을 어떻게 갱신하고 새로운 환경에 적응했을까요? 앞으로 살펴볼 본문은 이런 질문에 답하면서, 오늘 우리의 상황을 성경의 유배기에 빗대어 공공신학이 어떤 자세와 태도로 문화와 접촉할 수 있는지 고민해 보겠습니다.

번영하는 삶

마지막으로 고려해야 할 키워드는 바로 번영하는 삶입니다. 이 주제 역시 앞에서 이야기한 내용의 연장선에 있습니다. 저는 공공신학적 성경읽기가 여타 다른 성경읽기, 특히 해방신학적 성경읽기와 다른 점이 바로 번영에 대한 기본적인 이해라고 생각합니다. 즉, 복음과 번영하는 삶의 관계를 적대적으로 보지 않고, 서로 공존하고 힘께 힐 수 있다고 보는 관점입니다.

월터 브루그만의 『예언자적 상상력』 개정판 서문에 보면, 그가 이전에 가지고 있는 성경 해석에 어떤 변화가 있었는지 이야기합니다. 1970년대까지만 해도 신학계에선 냉전 체제 속에서 반전 운동이라든가 대안적 삶에 대한 관심이 컸습니다. 이런 시대적 흐름 속에서 브루그만 역시 성경을 해석할 때 예언자와 왕을 권력의 대립 구도로 상정해 서로 갈등하는 관계로 설명하곤 했습니다. 권력에 대한 비판, 왕권에 대한 날선 비판이 성경을 해석하는 중요한 관점으로 작용했죠. 이러한 해석에는 당시 해방신학적 성경읽기 방법론이라든가 이데올로기 비판이 크게 영향을 끼쳤던 것으로 보입니다. 하지만 이제는 교회 공동체가 점차 역사의 중심에서 밀려나고 소수자의 입장이 되고 있기에 성경을 보는 관점도 달라져야 합니다. 이제는 더 이상 **예언자 vs 왕**이라는 구도를 그대로 **예언자 vs 기성 권력**이라는 틀에 끼워 맞추기 어렵다는 겁니다. 이는 교회가 예전에 누리던 **예언자적 지위**는 오늘날 무기력하다는 진단입니다.[12] 브루그만의 이런 진단에 더해 저는 지금의 상황을 교회가 세상 권력에 대해 도덕적 우위를 점하지 못하고 오히려 세속 사회로부터 비난과 지탄을 받는 자리로 추락했다고 봅니다. 어쩌면 세속 사회는 끊임없이 공정과 평등을 향해 진보해가는데 오히려 교회는 점점 더 권력을 탐하는 타락한 집단이 되어가지 않나 생각합니다. 그러니 교회는 예언자적 지위를 회복하기 위해서라도 자신을 향해 더욱더 목소리를 높여야 하고, 아울러 공동선을 위해 함께 힘을 합해야 합니다.

이렇게 변화된 사회적 분위기를 의식한듯 월터 브루그
만은 최근에 『복음의 공공선』이라든가 『하나님, 이웃, 제국』
과 같은 책을 통해 이전과는 다른 논조의 목소리를 내고 있
습니다.[13] 즉, 이전까지 브루그만은 세속적인 내러티브, 권
력의 내러티브에 저항하는 대안적이고 전복적인 내러티브
를 강조해왔습니다. 대항 공동체나 대항 품성을 강조하기
도 했죠. 물론 여전히 최근 저서에 이런 목소리가 아예 삭제
된 것은 아니지만, 어느 정도 순화된 형태로 드러납니다. 공
공신학이 주목하는 목소리는 변화된 세계 속에서의 공동선
(common good)에 대한 하나님의 비전입니다. 즉, 성경의 세계
와 세상 사이에 다리를 놓는 것입니다. 그렇다고 예전에 했
던 방식 그대로, 즉 자유주의자들이 했던 방식으로 성경을
완전히 세속적인 방식으로 번역한다든가 대체하자는 것이
아닙니다. 저는 그 방식이 바로 번영하는 삶에 대한 비전으
로 드러나야 한다고 생각합니다.

거대 담론의 상실

개인적인 이야기를 잠깐 해보겠습니다. 저의 20대를 사로잡
았던 신학적 관심이자 삶의 방식은 두 가지로 압축할 수 있
습니다. 바로 **청빈론**과 **성서한국**입니다. 김영봉 목사님의
『바늘귀를 통과한 부자』가 나왔을 때 저는 상당한 충격을

받았습니다.[14] 당시 청부론 대 청빈론 논쟁이 뜨거웠고 교회 친구들과 이 주제로 열띤 토론을 벌이기도 했습니다. 심지어 이 주제로 청년부 특강을 했던 기억도 납니다. 늘 축복만 강조하던 목사님의 설교가 못마땅했었는데 그 책이 해독제 역할을 해주었습니다. 그리고 그 무렵 성서한국을 통해 애굽의 질서에서 탈출해 새로운 대안 공동체를 만들어야 한다는 메시지에 한껏 고무되기도 했습니다. **급진적 제자도**라는 말에 얼마나 가슴이 설레였는지 모릅니다. 그 덕에 다양한 기독교 공동체를 탐방하기도 하고 대안적인 교육, 경제, 토지, 환경 운동에 조금씩 기웃거리기도 했습니다. 가능하면 적게 소비하고 대안적인 소비 형태를 지향하며, 어떻게 해서든 자본주의 질서에 나름대로 저항해 보려고 노력했습니다. 물론 지금은 그때의 열정이 많이 사그라들었지만 여전히 마음만은 그 시절 그 때에 머물러 있습니다.

한참의 시간이 흘러 이제 저도 세 아이의 아빠가 되었고 가정 경제를 책임져야 하는 나이가 됐습니다. 더 이상 적게 벌고 적게 소비하기 힘든 삶이 됐습니다. 나이가 들면 보수화된다고 하더니 저도 이제는 많이 변했습니다. 40대 아재가 되고 나니 20대의 저를 사로잡았던 성서한국의 메시지가 이제는 조금 부담스러워졌습니다. 그리고 그 사이 시대적 분위기도 많이 변했습니다. 당시에는 보수나 진보에 상관없이 물질만능주의라든가 번영신학을 날카롭게 비판하는 것이 마치 예언자적 목소리인냥 곳곳에서 외쳐졌습니다. 그런데 이런 메시지가 지금 시대에도 동일하게 반복되어야 할까요? 저도 처음에는 그렇게 생각했는데 지금 한국 사회에서 벌어지고 있는 현상을 찬찬히 살펴보면서 **이건 아니다** 싶었습니다. 그리고 청년들의 목소리에 조금씩 귀를 기울이면서 생각이 변했습니다. 예전에는 앞뒤 가리지 않고 주위를 돌아보지도 않고 그저 자기 복 받는 것만 관심을 가졌던 기복신앙과 번영신학이 문제였다지만, 이제는 인간으로서 누려야 할 기본적인 여유와 행복을 박탈당한 이들에게 청빈론을 들이밀 염치가 없습니다. 엄청난 스펙을 보유하고 있으면서도 정규직에 취직하기 어려운 이들에게 그리스도의 길을 따르는 것은 원래 힘들고 어려운 것이라는 설교를 하고 싶지 않습니다. 기성세대가 물려준 불평등한 세상에서 그나마 주식이라도 대박 나기를 꿈꾸는 젊은 세대에게 그건 하나님나라의 경제 원리가 아니라고 훈계를 둘 엄두가 나지 않습니다. 아무리 노력해도 결국 할아비지의 재력과 아빠의 인맥을 동원하지 않고서는 유리천장을 깰 수 없는 이들이 소확행을 꿈꾸며, 맛집을 탐방하는 걸 보며 사회적 책임과 역사 변혁을 이야기하고 싶지는 않습니다. 한때 저의 삶을 흔들었던 급진적 제자도를 오늘날 젊은 세대에게, 아니 저에게 다시 적용하고 싶지는 않습니다.

샬롬의 비전을 향하여

최근 공공신학자들은 **인간의 번영**에 대한 관심이 지대합니다. 저는 성경이 꿈꾸는 샬롬의 비전을 오늘날 우리의 언어로 번역하면 그것이 바로 인간의 번영일 수 있겠다 싶습니다. 이스라엘 백성들 각자가 무화과 나무 아래에서 자신의 거처를 차리고 두려움이나 걱정 없이 안전하게 삶을 영위하는 상태, 나그네를 환대하고 가난한 이들과 사회에서 아직 자리를 잡지 못한 이들에게 자신의 밭 모퉁이 한쪽을 내어 줄 수 있는 넉넉함과 여유, 빚을 갚지 못해 나락으로 떨어진 이들의 짐을 서로 떠 안고 채무를 갚아줄 수 있는 공동체, 단순히 전쟁이 없는 상태로 만족하는 것이 아니라 적극적으로 평화와 정의를 구현하려는 의지, 이 모든 것이 샬롬의 비전이 아닐까 합니다. 이것이 진짜 **잘 사는 삶**이자 **번영하는 삶**이겠죠. 나만 잘 사는 것이 아니라 모두가 함께 잘 사는 삶 말입니다. 하나 더 덧붙이자면 모두가 잘 사는 삶이라는 범주 안에는 인간을 넘어서 동물과 자연 생태계까지 포함되어야 합니다. 나만 잘 사는 삶이 아니라 우리 주변의 환경까지도 같이 잘 살려면 때론 조금 불편해도 참고 견뎌야 합니다. 욕심과 탐욕을 억누르고 함께 공존하는 삶의 태도를 습득해야 합니다.

이렇게 저는 공공신학으로 성경을 읽을 때 고려해야 할

키워드로 **복음의 청중, 유배와 회복, 번영하는 삶**을 제시했습니다. 기존 질서에 저항하고 대항하는 복음의 내러티브보다는 모두가 함께 공감하고 공유할 수 있는 보다 보편적인 삶의 질서 혹은 태도를 성경으로부터 도출하자는 겁니다. 이스라엘 백성들에게만 적용되는 특수 윤리가 아닌 모든 이를 위한 윤리가 필요하고, 무엇보다 약자와 소수자를 품을 수 있는 신학이 필요합니다. 성경 속에는 이런 윤리적 메시지가 적지 않습니다. 이방인을 향한 하나님의 보편적 사랑과 포용의 메시지는 오늘날 기독교의 복음을 전하기 위한 훌륭한 모델이 될 수 있습니다.

또한 포스트크리스텐덤 시대에 오늘날 교회가 처한 삶의 정황이 유배당한 이스라엘과 구조적으로 유사하다는 가정 아래, 그로부터 지금 우리에게 필요한 삶의 태도와 자세를 배우고자 합니다. 유배지에서 나그네로 살아갈 수밖에 없었던 이스라엘 백성들로부터 우리는 새로운 신학의 가능성과 삶의 자세를 배울 수 있습니다. 낯선 땅에서 소수자로 살아갈 수밖에 없었던 이들이 어떻게 새로운 삶의 터전에 적응하고, 타협하고, 때론 저항하며 살아갔는지를 면밀히 살펴보면 좋은 통찰력을 얻을 수 있을 것입니다.

마지막으로 모든 이들이 각자의 방식대로 각자의 개성을

살려 자신에게 맞는 샬롬을 꿈꾸며 사는 삶, 그리고 그 삶을 신학적으로 해명하는 것, 이것이 바로 공공신학의 과제라고 생각합니다. 우리에게 주어진 삶의 터전과 물질을 악하게 보거나 타락의 산물로 보는 것이 아니라, 이웃과 함께 나누고 즐길 줄 아는 태도가 필요합니다. 모두가 함께 잘 살 수 있는 진정한 번영을 꿈꾸고 그런 사회를 만들기 위해 노력해야 합니다. 개인의 욕구와 욕망을 억제하고 희생시키면서 만든 하나님나라는 과연 누구를 위한 하나님나라인지 다시 생각해 볼 필요가 있습니다.

: 토의 질문 :

1. 오늘날 우리 사회에서 교회나 선교 단체 등 기독교 관련 기관이 아닌 곳에서 성경에 대한 메시지나 이야기를 들은 적이 있나요? 있다면 어디에서 어떤 이야기를 들으셨나요? 공적인 영역에서 성경이 활용되는 사례를 이야기해 봅시다.

2. 성경에서 이스라엘 민족이나 교회를 향한 메시지가 아니라 이방 민족이나 세상을 향해 선포된 메시지가 있다면 어떤 본문일까요?

3. 현재 한국 사회에서 기독교에 대한 평가나 이미지는 어떻다고 생각하나요? 만약 부정적이라고 생각한다면 왜 그런지, 긍정적이라고 생각하면 왜 그런지 이야기해 봅시다. 이와 연결해서 사람들이 점점 교회에 나가지 않는 이유는 무엇이라고 생각하나요? 혹은 그럼에도 교회에 계속 나가는 이유는 무엇인가요?

4. 신학이 현실의 문제를 도외시 한 채 점차 교리화되고 화석화되는 이유는 무엇이라고 생각하나요? 신학이 구체적인 삶의 문제와 연결되어야 한다고 할 때, 가장 중요하게 다루어야 할 이슈는 무엇이라고 생각하나요?

2장 °
목회자의 정치적 책임
(삼상 12장)

목회자의 정치적 발언이나 사회 문제에 대한 비평은 다루기 어렵고 조심스러운 부분 중 하나입니다. 우리 사회가 워낙 사상적 편가르기가 심하고, 교회 안에서는 개인의 의견이라 하더라도 특정 이슈에 대한 자신의 견해를 맘 편히 표현하는 것조차 눈치가 보이는 상황입니다. 언젠가부터 교회는 차분히 서로의 이야기를 경청하며 합리적으로 대화를 나누기 힘든 공간이 되어버렸습니다. 더더욱 하기 힘든 이야기가 정치 이야기입니다. 하지만 요즘 성도들은 말씀을 해석하면서 개인주의적으로만 적용한다든가 우리가 사는 세상에 전혀 관심이 없는 목회자를 보며 답답해 합니다. 큐티 적용 그 이상을 전달하지 못하는 설교가 답답하고 역사와 시대를 읽을 수 있는 안목이 부족한 것도 답답합니다. 우리는 그동안 온통 개인적인 축복과 가족의 건강 그리고 사업의 번창만을 기도제목으로 내놓는 교회 모임에 지칠 대로 지쳤습니다. 예수 믿고 잘 살게 되었다는 권사님의 간증에 청년들의 마음은 답답하기만 합니다. 누군가는 집값이 오른 것을 하나님의 축복이라며 간증하지만, 그 간증을 듣고 있는 청년은 감당할 수 없는 월세에 점점 한국 사회와 교회에 정을 끊어 가고 있습니다. 지금 한국교회의 신뢰도 추락은 일정 부분 이런 이기적인 기독교, 이웃과 사회를 전혀 돌보지 않는 교회의 모습에 기인하고 있습니다.

하지만 또 그렇다고 목회자가 노골적으로 특정 정치인을 옹호하거나 비난할 때 이보다 더 듣기 힘든 설교도 없습니다. 목회자 개인의 정치적 입장을 성경 해석과 연결해 본인이 마치 하나님의 대언자라도 되는 것 마냥 성도들에게 특정 정당의 입장을 대변하는 경우도 있습니다. 이런 태도는 보수나 진보나 할 것 없이 동일합니다. 어떤 정치적 입장을 가졌든 우리 시대를 향한 하나님의 뜻을 드러낸다는 명목으로 정치적으로 예민한 상황에 개입하려 할 때 성도들은 난감해합니다. 목회자 역시 신학적 확신과 신념을 가지고 자신 있게 구체적인 적용을 했다 하더라도 급변하는 현실 정치의 변화 때문에 난감한 경우도 생깁니다. 얼마 지나지 않아 자신의 입장을 철회해야 할 경우도 종종 발생합니다. 이럴 때 목회자는 참 난처합니다. 정치적 이슈에 관한 한 이러지도 못하고 저러지도 못하는 상황입니다. 나름 성경적 근거를 제시하며 현실 정치에 대한 조언을 하고 싶어도 성도들의 눈치가 보여 어떻게 할지 모르고 있습니다. 그래서 가능한 가장 안전한 수준에서 메시지를 전하거나 아니면 아예 언급조차 하지 않고 지나갑니다. 그 아슬아슬한 줄타기가 어쩜 목회의 고역일수도 있겠습니다.

앞에서도 잠깐 언급했지만 성경에서 그리스도인의 정치적 책임에 대한 메시지나 어떤 원리를 도출할 때는 상당히 조심해야 합니다. 성경의 삶의 정황과 정치적 상황은 지금 시대와는 너무나 다르기 때문입니다. 가장 안전한 방식은 성경으로부터 가능한 보편적인 원리나 방법을 추출해 우리 시대에 적용하는 것입니다. 비록 상황과 환경은 달라졌어도 시대와 장소를 초월하는 기독교의 가치와 관점을 전달하는 것이죠. 이 역시 해석자의 주관적인 견해가 개입되지 않을 수 없지만, 그렇기 때문에 겸손하게 성경을 해석하고 항상 열린 자세로 해석의 결론을 열어두어야 합니다. 제일 먼저 다룰 사무엘상 12장의 내용 역시 이런 방식으로 오늘날 상황에 적용해 보고자 합니다. 어쩌면 상당히 일반적이고 보편적인 메시지일 수 있겠으나 그만큼 시대와 상황을 초월해서 적용될 수 있는 메시지일 수 있습니다. 사무엘상 12장은 사무엘의 은퇴식 장면입니다. 이스라엘 역사에서 사사 시대를 마무리하고, 왕정 시대를 시작하는 기로에서 사무엘의 역할이 어떠했는지 살펴보면, 오늘날 목회자의 정치적 책임과 정치지도자를 바라보는 태도를 배울 수 있습니다.[15]

사무엘의 고별 설교

사무엘상 12장은 사무엘의 은퇴를 축하하는 내용입니다. 사무엘은 마지막 사사로서 자신의 리더십을 물려주어야 할 때가 되었습니다. 이후 이스라엘 백성은 주변 나라들처럼 왕을 세우려고 했습니다. 이 본문은 사무엘이 퇴임하기 전에 작별인사를 하는 장면입니다. 사무엘은 그동안 지도자로서 자신이 했던 업적을 나열합니다. 그런데 이상하게도 그는 자신이 하지 않은 일들을 언급합니다.

> 내가 여기 있나니 여호와 앞과 그의 기름 부음을 받은 자 앞에서 내게 대하여 증언하라 내가 누구의 소를 빼앗았느냐 누구의 나귀를 빼앗았느냐 누구를 속였느냐 누구를 압제하였느냐 내 눈을 흐리게 하는 뇌물을 누구의 손에서 받았느냐 그리하였으면 내가 그것을 너희에게 갚으리라 하니(삼상 12:3)

그는 다른 사람의 재산을 빼앗는 일에 자신의 지위나 권력을 사용하지 않았다고 말합니다. 그는 아무도 속이지 않았습니다. 또 어떤 이가 유리한 판결을 받도록 돕기 위해 뇌물을 받지 않았다고 말합니다. 그가 얼마나 적극적으로 정의롭고 공정한 공동체를 만들기 위해 애썼는지 구체적으로 언급하지는 않지만, 적어도 청렴하고 정직한 지도자였던 것은 분명해 보입니다. 사무엘은 아마도 자신이 백성을 다스리고 재판할 때 스스로 세운 도덕 기준이 있었던 것으로 보입니다. 비록 긍정적인 방식으로 어떤 정책과 개혁을 추진했는지 알 수 없지만 자신의 기준에 부합하는 통치를 했던 것 같습니다. 누군가는 이런 그의 소극적인 모습이 다소 못마땅할 수 있겠지만 성경에 등장하는 여러 지도자들의 모습과 비교해 보면 이조차도 대단하다는 것을 알 수 있습니다. 사무엘서와 열왕기서를 살펴 보면 이스라엘의 지도자 중 도덕적으로 정직하고 깨끗한 사람은 별로 없습니다. 아니 반대로 정말 나쁜 놈들의 전성시대라 할 만큼 온갖 나쁜 짓을 많이 했습니다. 그들과 비교하면 사무엘에 대한 성경의 평가는 상당히 긍정적이라 할 수 있습니다.

사실 성경은 지도자의 도덕적 성품을 리더십의 가장 중요한 요소로 생각하고 있습니다. 지도자의 통치 능력이나 자질을 부각시키기보다는 오히려 도덕적 성품에 집중한다는 것을 알 수 있습니다. 역사가의 평가에 있어서도 지도자의 청렴과 부정부패를 저지르지 않는 것이 중요한 자질로 평가됩니다. 또한 사회적 약자를 돌보는 따뜻한 마음 역시 통치자의 자질 중 하나입니다. 예레미야 선지자는 여호야김의 허위허식을 날카롭게 비판하면서 요시아 왕에 대해 평가하기를 왕으로서 청렴하고 백성들을 괴롭히지 않았다고 말합니다. 그리고 이러한 그의 도덕적 청렴함이 바로 하나님을 아는 지식이었다고 말합니다.

> 불의로 그 집을 세우며 부정하게 그 다락방을 지으며 자기의 이웃을 고용하고 그의 품삯을 주지 아니하는 자에게 화 있을진저 그가 이르기를 내가 나를 위하여 큰 집과 넓은 다락방을 지으리라 하고 자기를 위하여 창문을 만들고 그것에 백향목으로 입히고 붉은 빛으로 칠하도다 네가 백향목을 많이 사용하여 왕이 될 수 있겠느냐 네 아버지가 먹거나 마시지 아니하였으며 정의와 공의를 행하지 아니하였느냐 그 때에 그가 형통하였었느니라 그는 가난한 자와 궁핍한 자를 변호하고 형통하였나니 이것이 나를 앎이 아니냐 여호와의 말씀이니라(렘 22:13-16)

이처럼 여호와를 아는 지식은 사치가 가득한 곳에서 도리어 연약한 자들을 돌보고 그들과 연대하는 것을 의미합니다. 추상적인 지식이 아니라 매우 구체적이고 현실적인 필요를 채워주는 지식입니다. 예나 지금이나 종교 지도자의 권위는 도덕적 우월성과 청렴함에서 나옵니다. 그리고 그 도덕적 우월성이 이웃들 사이에서 정의를 세우고 특별히 가난한 자들에게 향할 때 사회적으로나 정치적으로 큰 힘을 발휘합니다. 요즘과 같은 시대에 목회자가 아무리 광장에서 정의를 외친다 한들 사람들이 콧방귀도 뀌지 않는 이유는 바로 이들에 대한 도덕적 신뢰가 없기 때문입니다.

종교사회학자 강인철은 탈종교적 상황에서 종교가 대중에게 공감과 지지를 얻기 위한 조건으로 도덕적 권위 회복과 소통 능력 향상을 말합니다.[16] 한국교회가 사회적 신뢰를 회복하기 위해서는 종교지도자의 도덕성을 사회가 인정해야 하고, 발언의 진실성에 대한 사회적 신뢰가 회복되어야 합니다. 종교지도자가 자신의 사익이나 자신이 속한 집단의 정치적 이해관계를 넘어 보편적인 호소력과 설득력을 갖고 있느냐가 중요한 판단의 기준이 됩니다. 세속적인 기준에 의해서도 종교지도자의 권위는 도덕적 청렴과 이타적인 도덕성에서 나오기 때문이죠. 또한 이를 수행할 수 있는 의사소통 능력이 있느냐도 중요한 판단 기준이 됩니다. 종교 내 언어와 사회에서 통용되는 언어의 차이가 클수록 대중의 반종교적 정서는 더욱 커질 수 있습니다. 존경과 권위는 종교와 세속의 경계를 뛰어넘어 동일한 가치에서 나옵니다. 사무엘과 요시야 왕이 보여준 청렴한 지도력과 도덕 통치는 성경적 가치

를 넘어 세속 사회에서도 얼마든지 통용되는 권위의 근거가
될 수 있습니다.

목회자의 책무

사무엘은 지도자의 자리에서 은퇴를 하지만, 사실 엄밀하게
말하면 완전히 은퇴한 것은 아닙니다. 그는 은퇴 후에도 계
속해서 이스라엘의 영적인 지도자로 활동을 합니다. 사무엘
은 특정한 직무와 직책으로부터 물러났지만, 그가 하나님의
종으로 활동하는 일에는 은퇴하지 않았음을 알 수 있습니
다. 본문에서 사무엘은 백성들을 위해 두 가지 일을 계속합
니다.

> 사무엘이 백성에게 이르되 두려워하지 말라 너희가 과연 이 모
> 든 악을 행하였으나 여호와를 따르는 데에서 돌아서지 말고 오
> 직 너희의 마음을 다하여 여호와를 섬기라(삼상 12: 20)

> 나는 너희를 위하여 기도하기를 쉬는 죄를 여호와 앞에 결단코
> 범하지 아니하고 선하고 의로운 길을 너희에게 가르칠 것인즉
> (삼상 12:23)

먼저 그는 백성을 가르치고 경고하는 일을 쉬지 않았습

니다. 사무엘은 이스라엘의 지난 역사를 백성들에게 알려주면서 하나님의 심판은 그들을 다시 돌아오게 하려는 그분의 뜻이었다고 알려줍니다. 구약성경에서 하나님의 심판은 대부분 사람들로 하여금 자신의 오류를 깨닫고, 그것에서 돌아서도록 격려하기 위한 개혁을 의미합니다. 그러니 사실 하나님의 심판은 자신의 백성을 회복시키기 위한 것이었습니다. 사무엘은 사람들에게 하나님을 떠나 우상에게로 돌아서는 것에 대해 지속적으로 경고합니다.

둘째로 사무엘은 백성을 위해 계속해서 기도하겠다고 약속합니다. 하나님의 심판을 두려워한 백성들이 사무엘에게 기도해 달라고 부탁했습니다(12:19). 아마 그들은 사무엘의 기도에 즉각 우레와 비로 응답하신 하나님이 두려워 그에게 중보기도를 부탁했을지 모릅니다(12:17-18). 하지만 사무엘은 그 이상으로 그들을 위해 기도하겠다고 선언합니다. 그는 자신의 생이 다하는 날까지 이스라엘 백성을 위해서 기도하고 그들을 가르치고 교훈할 것입니다. 아시다시피 이후에 이스라엘 역사는 격동의 시기를 맞이합니다. 사울의 변덕과 다윗의 권력 의지는 정치의 어두운 모습을 보여줍니다. 사무엘이 이스라엘을 위해 기도한다는 말 속에는 마치 드라마의 복선처럼 결코 그가 다스리던 시기처럼 정치가 도덕적이지 못 할 수도 있다는 점을 보여주는 것 같습니다.

오늘날에도 교회에서 국가 지도자들을 위해 기도하자는 말을 자주 듣습니다. 장로님의 대표기도나 각종 기도 모임에서 우리는 정치지도자들을 위해 기도합니다. 누군가에게는 기도라는 소극적인 행동으로 그리스도인의 정치적 책임을 한정짓는 것이 마땅치 않을지도 모르겠습니다. 저도 그렇게 생각합니다. 그리스도인이라면 단지 기도만 해서는 안 됩니다. 직접 참여도 하고 여러 단체들과 연대도 해야 합니다. 각자의 소명에 따라 정당 정치에 참여하거나 직접 정치인이 되는 것도 한 방법입니다. 다만 목회자에게 필요한 정치적 책무는 무엇인지 다시 한번 생각해 보면 좋겠습니다. 목회자의 경우 우리는 그가 맡은 역할이 무엇인지 진지하게 고려해야 합니다. 저는 은퇴한 사무엘의 중보기도가 오늘날 목회자의 정치적 책무가 아닐까 생각합니다. 미래에 대한 두려움과 불안으로 쉽게 마음의 안정을 찾지 못하는 이들에게 든든한 버팀목이 되어주고, 그들을 위해 기도해 주는 것은 결코 소극적인 행동이 아닙니다. 우리 시대에는 진심 어린 조언을 해줄 수 있는 어른과 멘토가 필요합니다. 젊은이의 미래를 위해 진심으로 기도해 주고 그들에게 "선하고 의로운 길"이 무엇인지 알려줄 수 있는 목회자가 있다면 얼마나 좋을까요? 마지막 본문을 다룰 때 다시 자세히 언급하겠지만 그리스도인의 기도는 정치적으로 강력한 힘을 가지고 있습니다. 예배를 통해 사람의 마음과 성품을 형성한다면 그 중심에는 기도가 자리 잡고 있습니다. 이웃과 세상을 품는 기도는 그 자체로 그리스도인들의 가장 강력한 정치적 책무라고 할 수 있습니다.

그리스도인의 정치적 책무

사무엘상 12장 말씀을 통해 생각해 볼 점이 하나 더 있습니다. 사무엘을 마지막으로 사사 시대가 끝나고 군주제로 넘어가는 지점에는 백성들의 개입이 있었습니다. 이스라엘 백성은 사무엘에게 왕을 세워달라고 요청했습니다. 왕을 세우면 자기들도 이웃 나라들처럼 강해질 것이라 생각한 거죠. 어쩌면 이들은 자신들의 통치 방식에 대해 어느 정도 의견을 제시할 수 있는, 아니 더 나가 적극적으로 개입할 수 있는 주권이 있었는지도 모르겠습니다. 이런 백성들의 요구에 사무엘은 다소 애매한 입장을 가지고 있었던 것 같습니다. 사무엘은 인간 왕을 세우는 것이 위험할 수 있지만, 그렇다고 그것이 분명하게 하나님의 뜻에 반하는 것인지는 확신을 하지 못했던 것 같습니다.

> 너희가 암몬 자손의 왕 나하스가 너희를 치러 옴을 보고 너희
> 의 하나님 여호와께서는 너희의 왕이 되심에도 불구하고 너희
> 가 내게 이르기를 아니라 우리를 다스릴 왕이 있어야 하겠다 하

였도다. 이제 너희가 구한 왕, 너희가 택한 왕을 보라 여호와께서 너희 위에 왕을 세우셨느니라. 너희가 만일 여호와를 경외하여 그를 섬기며 그의 목소리를 듣고 여호와의 명령을 거역하지 아니하며 또 너희와 너희를 다스리는 왕이 너희의 하나님 여호와를 따르면 좋겠지마는 너희가 만일 여호와의 목소리를 듣지 아니하고 여호와의 명령을 거역하면 여호와의 손이 너희의 조상들을 치신 것 같이 너희를 치실 것이라(삼상 12:12-15)

이스라엘 백성에게 왕은 여호와 하나님입니다. 하지만 그들은 이웃 나라와 같은 인간 왕을 원했습니다. 인간 왕은 여호와의 라이벌로 이해될 수도 있습니다. 하지만 하나님은 그들의 요구를 들어주기로 했습니다. 인간 왕이 자신에게 복종하고 계명을 따른다면 그들의 요구와 그들의 길을 가도록 허용해주시는 것 같습니다. 하지만 반대로 그들이 세운 왕이 여호와를 섬기지 않는다면 동일하게 그들에게 심판이 임할 것임을 사무엘을 통해 알려주십니다.

이스라엘 백성이 인간 왕을 요구하는 것과 하나님이 이를 허용하는 과정을 보면 하나님의 백성이 정치에 참여하는 것은 정상적이고 자연스러운 것으로 보입니다. 그리고 그렇게 세워진 정부는 하나님의 뜻의 일부처럼 보입니다. 하나님의 뜻과 기독교적 가치가 무엇인지에 대해서는 사람마다 다양한 견해가 있을 수 있고, 해석의 갈등을 겪을 수도 있습니다. 하지만 일단 그리스도인들이 정치지도자의 행동과 정책에 대해 감시하고 분석하는 것은 타당해 보입니다. 물론 다시 한번 말씀드리지만 성경 시대의 정치인과 우리 시대의 정치인은 전혀 다른 세계를 살아가는 직위이기 때문에 직접적인 대응이나 적용은 위험합니다. 그럼에도 지도자와 좋은 정부를 만들려는 그리스도인의 책무에는 큰 차이가 없습니다. 이스라엘 백성은 자신들의 지도자를 세우는 데 있어 적극적이었고 그에 따른 책임도 져야 했습니다. 단순히 지도자를 뽑고 뒷짐지는 태도로 정치에 방관적인 자세를 가질 수 없었습니다. 하나님께서는 지도자의 잘못을 곧 그들의 죄로 책망할 것을 약속했기 때문이죠. 정치지도자를 위해 중보기도하는 것만큼이나 정의롭고 진실한 지도자를 뽑고 그가 정치를 잘 하는지 감시하는 것도 중요합니다.

우리는 사울과 다윗의 정치 활동을 보면서 인간 왕이 세워지면 그들이 어떤 일들을 하는지 봤습니다. 성경은 그들 역시 죄를 짓고, 실패할 수밖에 없는 지도자였다는 것을 보여줍니다. 사무엘의 아들들은 백성들이 보기에도 신뢰할 수 없는 인간이었습니다. 사울은 초기에 보여준 모습과 달리 왕이 된 이후 심각한 문제를 가지고 있었습니다. 다윗 역시 큰 죄를 많이 지었습니다. 성경은 지도자의 자질을 평가함에 있어 점수를 후하게 주지 않습니다. 그러니 사무엘이 계속해서 사람들에게 주님의 도를 가르치라고 했는지도 모릅니다. 그리스도인의 정치적 책무는 끊임없이 우리가 세운 정치지도자가 선하고 의로운 길로 갈 수 있도록 기도하고 가르치고 훈계하는 것이라 할 수 있습니다.

: 토의 질문 :

1. 교회에서 목회자가 정치적인 이슈를 언급하거나 특정 정당을 지지하는 발언을 들은 적이 있나요? 목회자의 정치적 발언을 어떻게 생각하나요? 목회자가 정치적인 이슈를 다룬다면 어떤 기준을 가져야 할까요?

2. 정치지도자를 위해 기도한다고 했을 때, 그리스도인은 어떤 내용으로 기도해야 할까요? 지도자를 위한 기도문을 각자 작성해 봅시다.

3. 성경에서 말하는 지도자의 도덕적인 성품은 무엇인지 이야기해 봅시다. 하나님이 원하시는 리더는 어떤 리더인가요? 또 여러분이 원하는 성경적 리더는 어떤 모습인가요?

4. 그리스도인들이 정치가들을 감사하고 비판한다고 할 때, 어떤 자세와 태도를 가져야 할까요? 어떤 마음과 생각으로 비판해야 할까요?

3장 °
자연법에 근거한 심판과 정의
(암 1:1-2:8)

윤리학에는 **에우티프론 딜레마**(Euthyphro Dilemma)라는 것이 있습니다. 어떤 행동에 대해서 **신이 선하다고 명령했기 때문에 그것이 선한 것이냐, 아니면 본래 그것이 선하기 때문에 신이 그것을 선하다고 인정한 것이냐**라는 고전적인 논쟁이죠. 요즘 사람들이 보기에는 별것도 아닌 내용으로 논쟁한다고 할 수 있지만, 오랜 시간 철학자와 신학자들은 이런 문제로 치열하게 고민했습니다. 전자의 경우 신이 명령하기 이전에는 그 행위의 옳고 그름이 판가름되지 않기 때문에 마치 신이 자기 마음대로 가치를 판단하는 것처럼 보입니다. 인간들이 보기에는 불의하고 잔혹한 사건도 하나님이 옳다고 인정하기만 하면 선한 것이 되기 때문입니다. 반대로 후자의 경우 신보다 더 권위 있는 도덕적 가치들이 신 외부에 존재하고 신이 그것을 인식해서 명령한 것처럼 보입니다. 이렇게 되면 신이 자기보다 더 권위있는 무언가를 지킨다는 뜻이므로 신이 왠지 초라해집니다. 전자의 이론은 신학적인 색깔이 강한 것으로 중세까지 강력한 영향력을 행사한 윤리학 이론입니다. 이를 신명론(Divine Command Ethics)이라고 합니다. 우리는 흔히 인간이 고통당할 때 하나님의 알 수 없는 뜻이 있다고 말하곤 하는데 이런 경우가 신명론에 해당한다고 할 수 있습니다.

예를 들어 아브라함이 이삭을 하나님께 제물로 바치는 장면은 선뜻 이해하기 어렵습니다. 자비롭고 선하신 하나님께서 아무리 신앙을 테스트한다고 해도 이방신들이 인간에게 요구하는 인신제사를 명령하다니. 이런 장면은 일반적이고 통상적인 윤리 의식으로는 납득하기 어렵습니다. 하지만 아브라함은 보편적인 윤리적 견해를 접고 하나님의 명령에 순종합니다. 하나님의 명령이 보편적 도덕 법칙을 뛰어 넘는 장면입니다. 키에르케고어가 말했듯이 윤리적 실존을 넘어 종교적 실존으로 넘어서는 사건이라 할 수 있습니다. 우리가 보통 간증을 할 때 하나님의 뜻과 섭리는 인간의 경험과 한계를 넘어선다는 말을 자주 하는데 이런 경우가 여기에 해당된다고 할 수 있습니다.

하지만 성경에는 이와 정반대로 하나님이 마치 자연법칙에 얽매이는 것처럼 보이는 부분도 있습니다. 예를 들어, 창세기 18장에는 아브라함이 하나님께 항변하는 장면이 나옵니다. 소돔성의 타락을 벌하는 하나님께 아브라함은 정의로운 하나님이 그러면 안 된다고 오히려 책망합니다.

아브라함이 가까이 나아가 이르되 주께서 의인을 악인과 함께 멸하려 하시나이까. 그 성 중에 의인 오십 명이 있을지라도 주께서 그 곳을 멸하시고 그 오십 의인을 위하여 용서하지 아니하시리이까. 주께서 이같이 하사 의인을 악인과 함께 죽이심은 부당하오며 의인과 악인을 같이 하심도 부당하니이다. 세상을 심판하시는 이가 정의를 행하실 것이 아니니이까(창 18:23-25)

이는 마치 하나님 자신보다 더 상위의 법칙이 존재하는 듯 이야기를 합니다. "하나님이 어떻게 정의를 행하시지 않느냐"고 따져 묻는 아브라함의 항변에 하나님도 꼼짝없이 당한 것 같습니다. 아브라함이 이렇게 자신있게 하나님께 항변하는 근거는 아마도 일반적인 통념에 비추어 하나님의 결단이 부당하다고 판단했기 때문이겠죠. 결국 하나님은 아브라함과 의인의 숫자를 놓고 흥정을 합니다. 하나님도 한걸음 물러나 일반적인 정의의 기준에 자신을 맞추십니다.

성경과 자연법

성경에는 이렇게 신명론을 주장하는 것처럼 보이는 본문도 있고, 하나님께서 자연법 윤리(Natural Law Ethics)에 맞춰 자신의 뜻을 펼치는 것처럼 보이는 본문도 있습니다. 자연법 윤리란 창조 세계 내에 이미 하나님께서 만든 보편적인 질서와 규범이 내재되어 있다고 보는 입장입니다. 더 정확히 말하면 하나님은 자신이 만든 자연의 원리와 인간들의 도덕 준칙을 계속해서 붙잡고 계신다고 할 수 있습니다. 하나님의 외부에 어떤 자연의 법칙이 존재하는 것이 아닙니다. 하나님은 언제나 선하시기 때문에 그분이 명령한 것 역시 선한 것이라 할 수 있습니다. 일반적으로 하나님의 명령과 인간의 순종이라는 틀에 익숙한 기독교윤리에서는 자연법 윤리보다 신명론이 좀 더 선호되기도 했습니다. 윤리의 토대를 자연의 질서에 두기보다 하나님의 말씀에 두는 것이 더 익숙했기 때문입니다. 하지만 앞서 살펴봤듯이 성경 안에도 이미 자연법 윤리를 지지하는 본문들이 있습니다. 성경의 저자들은 "하나님이 선언하셨거나 계시하셨던 것이 아니라 사회 속 인간 삶의 본질에 기초한 명백한 것"으로부터 논의를 전개하기도 합니다.[7] 기독교윤리의 근거를 반드시 신학적 토대에서 찾기보다는 그와 상관없이 인간의 도덕적 합의에서 도출할 수도 있다는 말입니다. 우리가 공공신학의 눈으로 성경을 읽으려고 할 때 먼저 고려해야 할 방법론으로 자연법 윤리를 생각할 수도 있습니다.

우리가 믿고 고백하는 하나님은 선한 분입니다. 찬양의
가사처럼 인자와 자비가 영원한 분입니다. 이는 그분의 뜻과
계획을 우리가 신뢰한다는 의미이기도 합니다. 하나님은 그
의 자녀에게 가장 좋은 것을 주시는 아버지이자 우리의 궁
핍함을 미리 아시고 채워주시는 자비로운 분입니다. 동시에
선과 악을 분별해 악인은 심판하고 의인에게는 복을 주는
정의로운 분입니다. 이런 고백은 모두 하나님의 도덕적 성품
을 반영하는 요소들입니다.

이런 하나님은 단지 이스라엘 민족에게만 정의로운 분이
아니라 온 세상의 통치자이자 주권자로 자신을 알리는 주
님입니다. 구약성경의 여러 본문에서 고백하는 것처럼 여호
와 하나님은 유일하며 우주적인 존재입니다(신 4:35, 39, 렘
10:6-10, 시 96:1-6). 그분은 만물의 창조자이며 보존자입니
다. 이런 신앙고백은 시간이 지나고 장소가 바뀌어도 여호와
하나님은 어떤 신과도 비교할 수 없고, 어떤 인간도 그를 속
일 수 없다는 사실을 포함합니다. 그러므로 이방 왕들을 포
함해 모든 인간은 하나님에게 도덕적으로 해명할 의무가 있
습니다. 그분은 행위의 무게를 재시며 마음을 감찰하시고
동기를 살피기 때문입니다. 우리는 여호와 하나님께서 인간

의 역사와 모든 일을 도덕적으로 판단한다고 말할 수 있습니다.

자녀교육에 있어서도 일관적이지 못한 부모는 결코 좋은 부모가 아닙니다. 어디로 튈지 모르는 아버지와 그때그때 다른 결정을 내리는 어머니는 자녀에게 혼란을 줍니다. 만약 하나님이 계속해서 우리의 생각과 통념을 깨뜨리는 방식으로 역사한다면, 그리고 우리가 예상할 수 없는 도덕 법칙을 제시한다면 우리는 그 하나님을 더 이상 신실하다고 말할 수도 없고 신뢰하기도 어려울 것입니다. 이스라엘 백성들은 이런 우주적 하나님, 누구에게나 공평한 하나님을 심판에 대한 메시지에서 발견합니다. 특별히 우리는 이런 하나님의 보편적인 도덕 법칙을 아모스의 열방심판신탁에서 더욱 분명하게 발견할 수 있습니다.

전쟁윤리와 인권

구약성경의 예언서에는 열방심판신탁(Oracles against the Nations)이라는 독특한 장르가 들어 있습니다. 말 그대로 하나님께서 예언자의 입을 통해 열방을 심판하는 신탁입니다. 호세아를 제외한 대부분의 예언서에 열방심판신탁이 존재합니다. 이사야(13-23장), 예레미야(45-51장), 에스겔(25-32

장)에 열방심판신탁이 들어있는데, 그 분량만 해도 상당합니다. 특이하게도 아모스서의 경우 열방심판신탁이 서두에서부터 등장합니다. 다메섹(1:3-5), 가사(1:6-8), 두로(1:9-10), 에돔(1:11-12), 암몬(1:13-15), 모압(2:1-3), 유다(2:4-5), 이스라엘(2:6-16)의 여덟 지명이 하나씩 차례대로 등장하면서 그들의 죄가 무엇이고 그 결과로 닥칠 재난이 어떠한 것인지 공개합니다. 열방에 대한 심판의 메시지는 여호와 하나님이 단지 이스라엘이라는 조그만 나라의 민족신이 아니라 온 세상을 창조하신 하나님이라는 사실을 알려줍니다. 세상의 창조주이신 하나님은 모든 민족과 나라를 심판할 권한을 가지셨습니다. 당시에도 나라들 간의 전쟁에 있어서 일종의 국제법이 존재했습니다. 이스라엘과 별 상관이 없어 보여도 하나님은 이들이 그런 법을 어긴 것에 대해 심판하셨습니다.

여호와께서 이와 같이 말씀하시되 모압의 서너 가지 죄로 말미암아 내가 그 벌을 돌이키지 아니하리니 이는 그가 에돔 왕의 뼈를 불살라 재를 만들었음이리(암 2:1)

모압의 죄는 전쟁 중이라 하더라도 적군의 왕을 비인도적인 방식으로 처리했다는 것입니다. 사실 모압의 죄는 이스라엘과 큰 상관이 없습니다. 이로 짐작컨데 하나님은 이스라엘의 경계 밖에서 일어나는 이방 민족에게도 자신의 도덕적 권위를 행사하고 있다는 사실을 알 수 있습니다. 심지어 이스라엘이 가장 싫어하는 원수 나라들의 역사 안에서도 하나님은 활동하고 계십니다. 하나님의 도덕적 권위는 그가 선택한 백성 이스라엘을 넘어 온 세계에 미치고 있습니다. 이 사실은 중요합니다. 그동안 이스라엘을 향한 하나님의 심판은 주로 그들이 하나님의 언약을 지키지 않고 하나님과 신실한 관계를 맺지 못한 것에 대한 질책이었습니다. 여호와의 율법을 지키지 않았기 때문에 예언자들이 비판의 목소리를 높였던 것입니다. 그런데 아모스의 열방심판신탁에서는 언약 이행에 대한 내용이 전혀 등장하지 않습니다. 그 심판의 내용을 자세히 살펴보면 하나님께서 언약을 근거로 이들을 심판하지 않는다는 것을 알 수 있습니다. 아모스 1:3-2:3에 나오는 열방들에 대한 심판의 메시지를 살펴보면 그 사실을 더욱 분명히 확인할 수 있습니다.[18]

1. 다메섹은 길르앗 사람들을 매우 잔인하게 다루되, 마치 타작마당에서 곡식을 타작하듯이 그들을 타작했습니다.

2. 블레셋 족속과 두로 족속은 대규모의 강제 추방정책에 연루되어 있었습니다.

3. 두로는 국제 조약, 곧 "형제의 계약"을 깨뜨렸습니다.

4. 에돔 족속도 "형제" 민족을 계속해서 무자비하고 잔인하게 대한 것에 대하여 고발당하고 있습니다.

5. 암몬 족속은 죄 없는 민간인들, 곧 임산부들을 칼로 죽임으로써 한 칼에 두 생명을 취할 정도로 잔인했습니다.

6. 모압 족속은 사람의 뼈를 태워 가루로 만든 다음에 벽에 바르는 일종의 백색 도료로 사용했습니다.

　　여기에서 언급하고 있는 이방 민족의 죄는 철저히 보편적인 정의를 행하지 않은 것으로 설명할 수 있습니다. 사실 하나님이 자신과 언약을 맺지 않은 이방 민족에게 심판을 내린다고 할 때 그 근거는 언약일 수 없습니다. 그들이 하나님으로부터 명령을 받거나 그 명령을 어긴 것은 더더욱 아닐 테니 말입니다. 하나님과 아무런 관련도 없는 이방 민족의 입장에서는 억울할 수도 있겠죠. 이스라엘 민족이야 자기들이 섬기는 신의 명령을 어겼기 때문에 심판을 받는다 하더라도, 여호와와 아무런 관련도 없는 이방 민족의 입장에서는 생뚱맞게 심판을 선고받으니 당황스럽지 않을까요? 그럼에도 아모스는 그런 행위가 잘못임을 그들도 알고 있다고 생각한 것 같습니다. 누가 보더라도 인간으로서 해서는 안 될일을 했고, 하나님은 그 행동에 대해 심판을 선언하십니다.

어떤 학자들은 아모스가 지적한 이런 범죄는 당시 고대 근동의 법조문을 참조해서 기록한 것이라고 말합니다.[19] 네, 물론 그럴 수도 있습니다. 당시 나라들 사이에도 전쟁 중에 서로 지켜야 할 국제법과 전쟁윤리가 있었을 것입니다. 그리고 그런 내용을 바탕으로 기록된 내용이라고 충분히 생각할 수도 있습니다. 하지만 열방을 향한 하나님의 심판은 그냥 그 내용만 읽어도 정상적인 생각을 가진 사람이라면 누구라도 인정할 수밖에 없는 정당한 심판입니다. 비록 이들이 하나님과 언약 관계를 맺은 백성이 아니라 할지라도 이미 인간 사회에서 통용되는 일반적인 규범이 작동하고 이들은 그것을 어긴 것이기 때문입니다. 전쟁 중에도 사람으로서 지켜야 할 윤리와 규범이 있는데 이들은 그것을 지키지 않았습니다. 그렇다면 우리는 이렇게 광범위하게 알려진 사회적 합의에 근거해 하나님께서 열방을 심판하셨다고 말할 수 있습니다. 이처럼 구약성경에서 하나님의 정의가 선포되는 맥락은 이스라엘과 맺은 특별한 언약이나 선택된 백성과의 관계속에서만 찾을 수 있는 특수 윤리가 아닐 수 있습니다.

열방의 통치자

보통 공공신학에 대해 많이 제기되는 비판으로는 기독교의 이름으로 사회활동을 하거나 참여를 할 때 기독교윤리만의 독특성을 찾기 힘들다는 점입니다. 공공신학에서 이런 논의는 언제나 논쟁적인 주제로 부각됩니다. 실제로 사회참여의 과정이나 내용 그리고 그 결과가 일반 시민단체와 큰 차이가 없다면 굳이 그것을 **기독교적** 사회윤리라고 부를 수 있냐는 것이죠. 그냥 일반 시민단체가 하는 사역을 기독교의 이름으로 할 필요가 있냐는 것입니다. 혹은 그런 일들은 전문적인 기관들이 더 잘하니 굳이 기독교가 숟가락 하나 더 얹을 필요가 있냐고 반문하기도 합니다. 기독교의 가치와 이념을 세상과 연결하는 작업을 하면 할수록 복음의 특수성은 희석되고 흐려지기 마련입니다. 일반적이고 추상적인 가치로 걸러지기 때문이죠. 복음을 세속적인 언어로 번역할 때 발생하는 문제이기도 합니다. 하지만 세상과 소통하기 위해서는 불가피한 선택이라 할 수 있습니다.

처음에는 기독교가 사회 문제나 이슈에 눈감지 말고, 적극적으로 참여해서 새로운 변화를 일으키고 새로운 비전을 제시하자는 취지에서 공공신학이 태동했습니다. 그런데 이제는 그 내용과 활동이 기존 사회운동과 별반 다르지 않고 더 특별할 것도 없으니 큰 의미가 없는 활동이라고 비판합니다. 이런 비판과 문제 제기는 정당하고 필요합니다. 이미 우리나라에서는 각 분야와 영역에서 시민단체가 활발하게 활동하며 중요한 역할을 감당하고 있습니다. 그렇다면 교회와 그리스도인들은 이제 이런 일에 손을 놓고 다시 교회로 돌아가 예배만 열심히 드리면 될까요? 저는 그렇게 생각하지 않습니다. 우리가 교회 밖에서 세상을 향해 정의와 공평을 외치는 것은 바로 하나님이 우리에게 그 일을 위임했기 때문입니다. 그리고 하나님이 그러한 보편적인 정의와 인권에 관심이 있기 때문입니다. 단지 우리 교회와 교단의 정의에만 관심이 머무는 것이 아니라 우리와 아무런 상관도 없는 것 같은 지구 반대편의 전쟁과 내전에도 관심을 기울이는 이유가 여기에 있습니다. 우리는 우리의 형편과 상황에 맞게 우리의 일을 하면 됩니다. 뭔가 대단한 일을 해야만 하나님이 영광을 받는 것도 아니고, 대단한 변화를 가져와야만 의미가 있는 것도 아닙니다. 우리 교회가 속한 지역사회에서 시민단체와 함께 정의로운 도시, 행복한 마을을 만들기 위해 힘을 합하면 됩니다. 하나님은 생각보다 세상의 정의에 관심이 많습니다. 우리는 흔히 하나님을 **열방의 주, 만군의 하나님**이라고 고백합니다. 만약 이 고백이 사실이라면 하나님은 결코 우리 교회와 개인의 영역으로만 제한되지는 않으실 겁니다. 하나님은 러시아가 우크라이나를 어떻게 대하는지 미얀마의 소수 민족들이 서로 어떻게 관계를 맺고 있는지에도 관심이 많으십니다.

숨겨진 이웃의 얼굴

다음으로 살펴볼 내용은 아모스가 이스라엘의 죄를 지적하는 부분입니다. 이스라엘 백성들은 이방 민족이 차례차례 하나님께 깨지는 메시지를 들으며 희열을 느끼고 환호했을지 모릅니다. 이제 그 불같은 심판의 메시지가 자기들에게 쏟아질 거라곤 꿈에도 모른 채 말이죠. 유다를 포함한 일곱 나라의 신탁이 끝난 다음 바로 이어서 이스라엘의 죄에 대한 고발이 이어집니다. 그 내용을 다시 정리하면 아래와 같습니다.[20]

1. 그들은 "의인", 곧 보통의 정직한 시민들을 종으로 팔아 넘겼습니다. 어려운 시대를 살아가는 자들을 "은을 받고" 팔아 넘긴 것입니다.

2. 그들은 궁핍한 자들을 신발 한 켤레 가격에 종으로 팔아 넘겼습니다.

3. 그들은 가난한 자들을 압제했습니다. 아모스는 "가난한 사람들의 머리를 땅에 짓밟았다"고 말합니다.

4. 그들은 고통당하는 자들과 가난에 찌들린 자들의 재판을 공정하게 다루지 않았습니다.

5. 가사를 돕기 위해 고용된 한 젊은 여인은 그 가정에 속한 아
   들과 심지어 그의 아버지에게도 성적인 학대를 당했습니다.

6. 부요한 채권자들이 성전 주변에서 즐거운 시간을 보내면서
   채무자의 겉옷을 담요로 사용했습니다.

7. 가난한 농부는 자신이 생산한 포도주로 벌금을 냈습니다.
   그런데 자신의 창고에 포도주가 넉넉하게 있는 자들이 함부
   로 그 포도주를 마셔 버렸습니다.

앞서 열방들의 죄를 언급한 본문보다 이스라엘 백성들
이 저지른 죄는 훨씬 우리의 마음을 아프게 합니다. 아무래
도 나라와 나라 사이에서 벌어지는 국5제범죄에 비해 이스
라엘의 죄는 개인에 대한 억압과 압제가 두드러지기 때문입
니다. 이스라엘의 범죄는 훨씬 더 개인적이고 구체적입니다.
사회에서 가난한 자, 힘 없는 자, 연약한 자들을 어떻게 무
시하고 괴롭혔는지를 고발합니다. 이스라엘 사람들은 이들
에게 모욕적인 행동을 했습니다. 수치심을 느끼게 했습니다.
이런 죄는 대부분 사회적인 관계 속에서 일어나는 죄입니다.
6절에는 의인과 가난한 사람을 팔았다고 합니다. 아마도 노
예 거래를 했다는 것으로 보입니다. 혹은 재판 과정에서 뇌
물을 받고 힘없는 자에게 불리한 판결을 내린 것일 수도 있

습니다. 실제로 성경에는 이런 상황을 묘사한 경우가 많이 나옵니다. 7절도 비슷합니다. 여기서 아버지와 아들이 한 젊은 여인을 욕보였다는 표현이 나오는데 이는 근친상간을 말하기도 하고, 또는 어린 여성 노예가 주인 남성들에게 성적으로 착취당하는 것을 말하기도 합니다. 어린 여성을 함부로 대하는 당시 남성들의 모습을 보여주는 대목입니다. 8절에서는 이스라엘 백성들이 종교 활동을 하고 예배를 드리면서도 가난하고 억울한 사람들을 통해 이익을 누리고 있음을 고발합니다. 신명기 말씀에 보면 빚을 갚지 못하면 겉옷을 전당 잡히게 되어 있습니다(신 24:12-13). 가난한 사람은 겉옷이 추운 밤을 견딜 수 있게 해주는 유일한 이불입니다. 그런데 지금 이스라엘 백성들은 그 전당 잡힌 가난한 사람의 겉옷을 깔고 누워서 행음을 하고 있습니다. 또 벌금으로 받은 포도주를 마시면서 죄를 범하고 있습니다. 이들은 하나님의 성전을 드나들고 예배를 드리면서 이런 죄를 저질렀습니다. 율법에 언급한 약자들에 대한 보호법이 모두 무시되고 처참하게 짓밟히는 죄들이 언급되고 있습니다. 이런 죄들은 모두 사회적인 죄이며 혐오와 비난과 무시의 죄입니다. 한두 사람의 죄가 아니라 많은 사람들이 함께 만든 죄입니다. 혹은 경제적으로 법적으로 짓는 죄입니다. 이런 죄 때문에 하나님은 이스라엘을 심판하신다고 합니다. 하나님은 국제 무대에서 벌어지는 국가 간 규범이나 비인도적 행위에 대해서도 그 책임을 엄격하게 물으시지만, 우리가 직접 대면해서 만나는 구체적인 타자에게 저지른 악행도 가차 없이 심판하십니다. 이스라엘이 저지른 죄의 목록을 통해 다시금 하나님은 은혜와 자비가 많은 분이라는 사실을 알 수 있습니다. 구약성경에서 하나님은 과부와 고아와 가난한 자들을 돌보는 분으로 등장합니다. 이들을 압제하는 이에게 심판의 메시지를 전하고 있습니다.

존 바턴이 말한 것처럼 구약의 저자들은 보통의 사람들이 가지고 있는 공유된 도덕감(moral sense)에 호소합니다.[21] 인간이 가지고 있을 법한 연민과 사랑의 감정에 호소합니다. 하나님은 우리가 도저히 이해하기 힘든 명령을 내리기도 하지만, 일반적으로 예언자들의 메시지 속에는 어떤 특별한 신앙이나 믿음이 없더라도 누구나 수용하고 받아들일 수 있는 수준의 도덕감이 담겨 있습니다. 전쟁의 비극으로 말미암아 부모와 남편을 잃은 이들에 대한 연민이라든가, 나라를 잃고 떠돌이가 될 수밖에 없는 난민들에 대한 안타까움이 담겨 있습니다. 이들을 보고도 외면한 이들이 **그런 딱한 사정을 몰랐다**고 시치미를 뗄수 없게 만듭니다. 하나님은 하나님을 알 만한 지식을 우리에게 주셨듯이 이웃의 아픔과 고통에 공감할 수 있는 깊은 연민의 감각도 주셨습니다.

낯선 이들의 얼굴은 우리 사회에 숨겨져 있기 때문에 잘 보이지 않습니다. 주의 깊게 주변을 관찰하지 않으면 발견하기 어렵습니다. 우리는 재개발 지역에서 삶의 자리를 빼앗긴 판자촌 사람들의 맨얼굴을 모르기 때문에 아무렇지 않게 우리의 권리만을 주장합니다. 비정규직 청소 노동자들이 어디에서 어떻게 잠시 몸을 뉘이고 쉬는지 모르기 때문에 그들의 목소리를 가볍게 무시해 버립니다. 이스라엘 상류층 여성들은 당시 가난한 사람들과 전혀 접촉하거나 만난 적이 없었습니다. 그러니 힘없는 사람들을 아무렇지 않게 학대한 것입니다. 만약 한번이라도 그들의 얼굴을 보고 그들의 이야기를 들어봤다면 조금은 달라졌을지도 모릅니다. 그러니 낯선 이들을 직접 만나고 그들을 환대하는 것이야말로 우리 시대의 교회가 할 수 있는 가장 적극적인 공공신학적 실천이라 할 수 있습니다. 자신의 자리를 내어주고 타자를 맞아들일 수 있는 공간과 여유를 만드는 것이 중요합니다. 직접 이웃의 얼굴을 보고 만나는 것이 중요합니다. 만나서 그들의 이야기를 들으면 달라질 수 있습니다.

성문에서 정의를 세우라!

마지막으로 이런 죄를 깨닫고 이런 죄에서 벗어나기 위해서는 어떻게 해야 할까요? 아모스 5:14-15절에는 이런 말씀이 나옵니다.

> 너희는 살려면 선을 구하고 악을 구하지 말지어다 만군의 하나
> 님 여호와께서 너희의 말과 같이 너희와 함께 하시리라 너희는
> 악을 미워하고 선을 사랑하며 성문에서 정의를 세울지어다 만
> 군의 하나님 여호와께서 혹시 요셉의 남은 자를 불쌍히 여기시
> 리라

우리가 미워해야 하는 악과 죄는 우리의 개인적인 죄와 내면에서 일어나는 죄만이 아닙니다. 가난한 사람이 아무리 열심히 일해도 인간다운 삶을 살 수 없게 만드는 구조가 있다면, 혹은 옳은 사람이 아닌 힘 있는 사람이 이기게 만드는 악한 법이 있다면, 그것을 바르게 바꾸어 놓은 것이 악을 미워하고 선을 사랑하는 것입니다. 이런 죄를 극복하고 멀리하는 장소가 어딥니까? 바로 성문입니다. 성전이 아니라 성문에서 정의를 세우라고 합니다. 고대 이스라엘 사회에서 성문은 지금의 법정과 같은 곳이었습니다. 종교의 자리가 아니라 법정과 같이 공적인 공간에서 정의를 세우라고 합니다. 아모스는 그래야 우리가 살 수 있다고 말합니다. 하나님의 정의가 반드시 성경의 언어를 통해서만 선포될 필요는 없습니다. 꼭 십계명과 산상수훈을 통해서만 사회정의와 윤리의 기준을 도출해야 할까요? 하나님은 세계인권선언이나 유엔

기후변화협약을 통해서도 자신의 비전을 보여주실 수 있습니다. 그분은 만군의 하나님이시기 때문입니다.

: 토론 질문 :

1. 아모스 1:3-2:3에 나오는 열방들에 대한 심판의 메시지를 보면서 오늘날에도 적용되는 내용이 있는지 이야기해 봅시다. 오늘날에도 여전히 발견될 수 있는 잔인하고 가혹한 인권유린에 대해서 이야기해 봅시다.

2. 하나님께서 지적한 이스라엘의 죄 목록을 보면서 오늘날 우리들에게도 적용되는 항목이 있는지 이야기해 봅시다.

3. 지금 우리 시대에 법으로 보호를 받지 못하는 사람들이 있다면 누구일까요? 그들을 위해서 우리는 어떤 도움을 줄 수 있을까요? 그들을 보호하기 위해서 우리 사회는 어떤 공적 조치를 취할 수 있을까요?

4. 세계인권선언문을 읽어보고, 우리 사회에서 시급하게 개선되거나 보완되어야 할 조항이 있다면 같이 이야기해 봅시다.

4장 °
이방 땅에 임재하시는 하나님
(에 4:14, 욘)

최근 통계 자료를 보면, 종교 호감도나 신뢰도 조사에서 개신교는 상당히 낮은 점수를 받고 있습니다. 코로나19 이후에는 그 감소세가 더욱 가파르게 하락하고 있습니다. 요즘 사람들이 요구하는 종교의 역할을 보면 대부분 봉사와 섬김에 집중된다는 사실을 알 수 있습니다. 통계에 따르면 이들은 종교 단체들에게 **다양한 사회 봉사의 주체, 사회적 약자 보호, 시민들의 심리적 불안감 해소** 등을 요구하고 있습니다.[22] 이 말은 반대로 현재 개신교에서 이런 역할을 제대로 하지 못한다는 반증이기도 합니다. 하지만 생각해 보면, 그동안 개신교에서 사회봉사나 구제사역을 아예 하지 않았던 것은 아닙니다. 최근에는 다소 주춤한 면이 있지만, 전통적으로 개신교에서는 어느 정도 규모가 있는 교회에서는 어린

이집이나 노인복지센터 혹은 장애인들을 위한 다양한 기관들을 직간접적으로 운영해왔습니다. 그것도 아니면 지역 기관에 후원이라도 했습니다. 정확한 통계는 모르겠으나 지금껏 꾸준히 사회봉사에 관심을 갖고 다양한 방식으로 지원했을 겁니다. 문제는 이런 사역을 단순히 교회 성장의 도구로 삼거나 홍보를 위한 매개로 삼았다는 것이지요. 성장이나 홍보를 위한 도구까진 아니더라도 규모나 세를 과시하기 위해 교회가 주도적으로 이런 사역들을 진행하는 경우가 적지 않았습니다.

하지만 공공신학에서는 이런 대형교회 중심의 사회봉사와 구제활동을 적극적으로 지지하진 않습니다. 그보단 오히려 일반 시민단체나 사회단체와 연대해서 파트너십을 형성하고, 하나의 구성원으로 참여할 것을 독려합니다. 이제는 우리 사회의 각 분야에 전문 기관들이 세워졌고, 전문적으로 훈련을 받은 분들이 일하고 있습니다. 우리는 사회봉사를 하거나 정의를 실현하는 일을 할 때에도 은연 중에 기독교 단체나 교회가 주인공이 되어 모든 것을 주도하려고 합니다. 하지만 일의 효율성과 전문성을 위해서도 교회가 모든 봉사 활동을 주도적으로 추진할 필요는 없습니다. 이런 태도는 과욕일 수 있습니다. 하나님께서 교회를 통해서만 일한다고 생각하기 쉽지만 성경을 잘 살펴보면 이런 우리의 선입견을 깨뜨리는 말씀이 자주 등장합니다. 포로기 시기에 하나님은 과연 어디에서 임재하시고 누구를 통해 자신의 일을 수행하셨는지 살펴보겠습니다.

나름의 살 길

에스겔 1장을 보면 하나님의 영광이 성전과 그 땅을 떠날 때, 하나님은 바퀴를 타고 움직이는 분으로 묘사됩니다. 네 가지 생물의 형상이 나오는데, 이들은 모두 바퀴를 타고 움직입니다. 여기서 하나님은 예루살렘에 묶여 계시지 않고 계속 움직이는 분으로 묘사됩니다. 마치 하나님도 자기 백성과 함께 유배지로 가고 있다는 사실을 보여주는 것 같습니다. 에스겔 10장에서도 바벨론에 있는 유배자들과 함께하기 위해 "여호와의 영광이 성전 문지방을 떠나"는 모습을 보여줍니다(18절). 이제 그들은 성전을 떠나 낯선 곳에서 하나님을 만날 준비를 해야 합니다.[23] 성전 중심의 신앙생활을 마치고 낯선 이방 땅에서 하나님을 예배해야 하는 상황입니다. 더 이상 하나님의 영광은 성전에 머물지 않습니다. 이제 하나님은 지정된 장소가 아닌 어느 곳이나 머물 수 있고, 언제든지 이동할 수 있는 분이 됩니다. 그분은 자신의 영광을 드러내기로 결정한 곳, 그 모든 곳에 임재할 수 있는 분입니다.

리 비치(Lee Beach)는 이 시기에 형성된 이스라엘의 새로운 정체성, 새로운 신학을 다음과 같은 세 가지로 설명합니다.[24] 첫째, 그들은 하나님의 부재를 경험하며 믿음에 대한 새로운 이해를 형성합니다. 하나님이 없는 것처럼 보이는 세상 속에서 하나님과 맺은 언약에 신실한 삶이 무엇인지 배우게 됩니다. 둘째, 언약에 대한 충성을 배우게 됩니다. **그리 아니하실지라도**의 신학을 형성하게 되죠. 이 부분은 다니엘서를 다룰 때 다시 설명하겠습니다. 셋째, 이스라엘은 새로운 선교적 사명을 부여받습니다. 즉, 열방을 섬기는 종으로 거듭나게 됩니다. 이스라엘은 오랫동안 강력한 적들의 위세에 눌려 살면서도 그들만의 독특한 정체성을 상실하지 않은 채 나름의 살 길을 찾습니다. 바벨론이나 페르시아의 문화에 통합되어 그럭저럭 적당히 어울리며 살거나 아예 그들과 분리되어 문화와 무관하게 살아가는 유혹을 모두 이겨냈던 것이죠. 유배라는 상황은 **나름의 살 길**이 형성되는 시기였습니다.[25] 세상 속에 있으나 세상과 같지 않고, 세상과 더불어 살아가지만 세상과 다른 방식으로 살아가는 삶을 만든 것입니다. 정해진 답은 없습니다. 그저 신실하게 현존할 뿐이죠. 그 구체적인 예가 바로 에스더와 다니엘입니다.

숨어계신 하나님

리 비치는 에스더서의 핵심 메시지를 "이방 땅에 숨은 상태로 임재하시는 하나님"이라고 말합니다.[26] 잘 아시다시피 에스더서에는 하나님의 이름이 한번도 언급되지 않습니다. 그리고 하나님은 이야기 속에서 전혀 존재감이 없습니다. 아니, 없는 것처럼 보입니다. 마치 오늘날 세속 사회에서 신의 존재가 전혀 감지되지 않는 것과 유사합니다. 신은 우리의 일상 대화 속에서도 정치 공방 속에서도 전혀 언급되지 않습니다. 에스더서의 행간을 잘 살펴보면 이런 상황에서 하나님이 누구를 통해 일하시는지 알 수 있습니다.

에스더서를 보면 하나님이 직접 개입하셔서 뭔가 일을 한다거나 어떤 역할을 맡지 않습니다. 예전에는 그렇게도 자주 등장해서 이스라엘 백성에게 갈 길을 지시하고 해야 할 일을 명하셨던 분이 이제 이방 땅에서는 어떤 말씀도 하지 않습니다. 어쩌면 이스라엘 백성들은 정말 답답했을지도 모릅니다. **진짜 하나님은 예루살렘에만 계시는 거 아니야?** 하면서 말이죠. 하나님의 부재와 침묵은 이방 땅에서 살아가는 이들의 어떤 실존을 보여주는 것만 같습니다. 모르드개가 하는 말을 통해서도 우리는 이들의 변화된 심정을 파악할 수 있습니다. 그는 유대인의 구원이 에스더를 통해서가 아니라 "다른 데"로부터 올 수 있다고 이야기합니다(4:14). 그러니까 모르드개가 에스더를 설득할 때 **지금 네가 나서지 않더라도 다른 민족을 통해서 우리가 구원받을 수 있을지 모른다. 하지만 지금 너를 여왕으로 이 자리에 앉게 하신 하나님의 어떤 계획이 있을 수도 있지 않겠느냐**라고 말하는 것입니다. 이 메시지를 미루어 짐작하면 하나님은 이스라엘 민족을 직접 구원하시는 방법이 아닌 즉, 제3의 방식을 통해서도 얼마든지 일하실 수 있다는 걸 보여줍니다. 소위 우리가 흔히 말하듯 하나님은 사람을 통해 일하시고, 때로는 어떤 사건을 통해 역사하신다는 것입니다.

그래서 에스더서를 읽는 독자는 하나님이 비록 텍스트 속에서는 보이지 않지만, 텍스트 이면에서 보이지 않게 모든 과정에 개입하고 있다는 인상을 받게 됩니다. 보이지 않게 일하시는 하나님의 손길을 기대할 수 있는 것입니다. 이렇게 에스더서는 직접적인 방식이 아니라 간접적인 방식으로 하나님이 이스라엘 민족 가운데 역사하고 계시다는 사실을 보여주고 있습니다. 비록 그 영향력이 즉시, 분명하게, 뚜렷하게 드러나진 않더라도 말입니다.

우리는 에스더서에 나오는 회고와 같은 방식을 통해서 하나님을 인식할 수 있습니다. 뒤돌아 보니 하나님이 일하셨다는 사실을 알게 되는 것입니다. 흔히 옛일을 회고하면서 **아,**

그때 그 순간 하나님이 역사하셨구나라고 말하는 것처럼 말이죠. 결국 이스라엘 백성들은 하나님께서 **장소**가 아닌 **백성들의 삶**을 통해 임재한다는 사실을 깨닫게 됩니다. 구체적인 현실 속에서 내가 하나님의 뜻을 분별하고 결정하고 행동하는 순간, 구체적인 삶의 현장 속에서 하나님의 임재를 경험하는 것입니다.

한편, 에스더는 하나님이 일하기를 수동적으로 기다리거나 방관하지 않았습니다. 적극적으로 민족의 유익을 위해 상황에 개입했습니다. 위기를 타개할 방법을 구했습니다. 에스더는 자신의 지위와 권력을 잘 활용했다고 볼 수도 있습니다. 자신이 가지고 있던 공적 권력을 선용해 자기 백성의 안녕을 추구했습니다. 어쩌면 에스더의 결단과 행동은 오늘날과 같은 세속 사회에서 그리스도인들이 어떻게 행동해야 하는지를 보여주는 하나의 샘플이 될 수 있습니다. 세속 사회에서 자신이 맡은 역할을 성실히 수행하면서 어떻게 하나님나라의 일을 할 수 있을지 보여주는 것입니다.

리 비치는 그리스도인들이 문화를 변혁하려고 할 때, 에스더를 통해 배울 수 있는 하나의 모델이 다음과 같다고 말합니다.[27]

1) 문화 안으로 편입하라.

2) 그 문화의 기준들을 사용하라.

3) 자기 사회의 온전한 구성원의 역할을 감당하라.

4) 그러나 자기 주변의 사람들과 뚜렷이 구별되는 겸손과 균형감을 가져라!

이것이 바로 유배자가 가져야 할 삶의 자세이자 태도입니다. 3번까지는 그냥 일반 시민의 한 일원으로 살아가는 방법이기에 특별한 원리나 특징이라 할 수 없습니다. 중요한 것은 4번인데, 이를 어떻게 실천하느냐가 관건입니다. 나중에 이 부분은 베드로전서를 설명하면서 더 구체적으로 살펴보겠습니다.

이중적인 충성

다니엘서도 에스더서와 비슷한 맥락을 가지고 있습니다. 이 두 책의 유사점은 무엇일까요? 두 이야기는 모두 이방 나라의 궁전에서 일어난 사건을 다룹니다. 그리고 이방 제국과 유대 민족 모두의 유익을 위해 충실히 일하는 주인공이 등장하죠. 결정적으로 유대인이 이방 나라에 유배된 상황에서도 번성할 수 있음을 보여줍니다. 유대인이 이방 땅에서도 얼마든지 성공할 수 있다는 사례를 보여주는 것입니다.[28]

특별히 다니엘은 바벨론 사회에 완전히 흡수되어 살아가는 유대인의 모습을 보여줍니다. 그는 유배 생활 가운데 어떻게 살아가야 하는지를 잘 보여주고 있습니다. 그는 자신의 재능과 지혜를 이방 나라에서도 유감없이 발휘합니다. 그가 만났던 왕들에게 자신이 할 수 있는 역할과 능력을 성실하게 수행합니다. 어쩌면 성공한 유대인의 전형이라 할 수 있습니다. 하지만 다니엘과 그의 친구들은 그 나라에 완전히 동화되거나 편입되지는 않습니다. 왕의 진미를 거절하고 종교적인 관습도 따르지 않습니다. 여기에는 **이중적인 충성**이 작동합니다.[29] 그들은 궁극적 헌신의 대상인 하나님에 대한 언약적 신실함을 끝까지 고수합니다. 그러면서도 이방 나라의 왕을 섬깁니다. 이게 어떻게 가능할까요?

이 역시 아까 말한 **나름의 방식**입니다. 이방 나라의 관습과 문화에 완전히 동화되는 것도 아니면서 완전히 분리되지도 않는 새로운 방식을 고안해 낸 것입니다. 그 나름의 방식이 어떤 식으로 어떻게 구현될지는 사실 잘 모를 수 있습니다. 그들도 그 방식에 대해서는 잘 몰랐을 겁니다. 정해진 매뉴얼이 있는 것은 아니었으니까요. 그들이 붙들고 있었던 것은 그저 하나님의 언약이었고 그분에 대한 충성과 신실함이었습니다.

우리가 주일학교 다닐 때부터 듣던 유명한 이야기와 찬양은 이런 맥락에서 나옵니다. 다니엘과 세 친구 이야기 아시죠? 그들이 풀무불에 들어가서 했던 **그리 아니하실지라도 하나님을 섬기겠다**는 고백은 사실 이스라엘 백성들의 신앙이 진보했음을 보여주는 전형적인 예입니다. 예전 같으면 어땠을까요? 자신들이 믿는 하나님께 기도하면 그분이 개입해서 새로운 일을 만드시고, 기적과 같은 역사를 만들 것이라 생각했습니다. 하지만 지금 이들은 이방 나라에서 소수자로 살아가고 있습니다. 지금 이들의 상황은 예전에 엘리야가 바알과 아세라 선지자와 싸우던 상황이 아닙니다. 지금은 능력 대결을 할 상황이 아닙니다. 어쩌면 이들은 예전과 같이 하나님이 역사하시진 않을 것이라 생각한 건 아닐까요? 하나님의 기적 같은 개입은 불가능하다는 것을 알았던 건 아닐까요? 그래서 이들은 **그리 아니하실지라도**의 신앙을 가지게 되었습니다. 그래도 하나님을 신뢰하고, 하나님께만 충성을 다하겠다고 결단하는 거죠. 이들에게 신앙이란 전능한 하나님을 믿는 신앙이 아니었습니다. 내가 믿는 하나님이 힘이 센 신이 아니어도 여전히 그분과의 언약적 신실함을 유지하겠다는 신앙이었습니다. 새로운 헌신이 만들어졌습니다. 신앙이 업그레이드되었습니다. 그들의 신학이 변했습니다.

오늘날도 마찬가지죠. **내가 기도하는 내용을 즉각적으로**

응답하지 않는 신은 과연 어떤 신인가? 그리고 그런 신은 나에게 어떤 의미인가? 라고 물어볼 수 있겠죠. 대답은 여러분의 몫으로 남겨놓겠습니다.

경건한 이방인과 말뿐인 신앙

하나 더 살펴볼 본문은 요나서입니다. 너무나 익숙하고 친숙한 이 요나 이야기를 자세히 읽어보면 하나님께서 이방 민족 가운데 어떻게 일하시는지, 또 그분의 자녀들이 어떻게 살아가야 하는지를 잘 보여줍니다.[30] 하나님은 요나에게 니느웨에 가서 말씀을 선포하라고 명합니다. 하지만 요나는 그 명령을 거역하고 다시스로 가는 배에 올라탑니다. 니느웨는 이스라엘 백성들의 원수였던 앗수르 제국의 수도였습니다. 그러니 그곳에 가고 싶지 않았던 요나의 심정도 이해는 갑니다. 니느웨는 폭력과 테러로 유명한 곳이었고, 이스라엘 백성에게는 악몽과도 같은 끔찍한 장소였습니다. 우여곡절을 거쳐 요나는 여호와의 낯을 피해 다시스로 가는 배에 올라탔고 거기에서 폭풍우를 만납니다. 그런데 이 장면을 잘 살펴보면 마치 이야기의 주인공은 요나가 아니라 배에 함께 탔던 선원들인 것만 같습니다. 이들의 말과 행동을 잘 살펴보면, 선원들은 경건하고 평화로운 사람들이라는 걸 알 수 있습니다.

먼저 배에 탔던 선원들은 다양한 배경을 가진 타민족 사람들이었습니다. 우리가 흔히 상상하듯 이들이 그저 거칠고 억센 사람들이었거나 그들 중 일부가 범죄자였다고 상상해 볼 수도 있습니다. 암튼, 이들은 폭풍우가 일어나자 크게 두려워하면서 각자 자기의 신에게 기도합니다. 그리고 자기들이 해야 할 일을 행동으로 옮깁니다. 반면 요나는 그 절박한 순간에도 배 밑으로 내려가 잠을 잡니다. 선원들은 갑판 위에서 어떻게 해서든 배를 살려보려고 애를 쓰지만, 요나는 어떠한 행동도 하질 않습니다. 선원들은 배에 탄 이들을 살려보겠다고 안간 힘을 쓰지만, 요나는 삶을 포기한 채 아무런 일도 하지 않습니다. 기도하고 행동하는 선원들의 열심과 요나의 방관과 무기력이 묘하게 대조를 이루고 있습니다. 심지어 요나가 자기를 바다에 던지라고 말하자, 그들은 그럴 수 없다며 더 열심히 노를 젓습니다. 어쩌면 그들에게 요나는 낯선 사람이고 뜻밖의 탑승자인데도 그를 희생시키기보다는 오히려 어떻게든 보호하고 돌보려 합니다. 경건하고 성실하고 인정이 많은 사람은 요나가 아니라 바로 이방 선원들이었습니다. 요나가 이스라엘 백성들을 대표하고, 선원들이 세상 사람들을 대표하는 인물로 묘사된다면, 우리는 이 이야기에서 묘한 대비를 발견할 수 있습니다. 요나는 위급한 상황에서 배를 구하기 위해 어떤 일도 하지 않고, 그저 선원들의 요구에 마지못해 반응하고 대답할 뿐입니다. 오히려 배를 구하고 사람들을 살리려고 애쓰는 사람은 선원들입니다. 요나는 행동하지 않고 기도하지 않습니다. 말뿐인 신앙, 죽은 신학을 보여줄 뿐입니다. 반면 선원들은 곤경에 처할 때 기도할 줄 아는 사람들이었고, 위기가 닥쳤을 때 힘을 모아 그들이 할 수 있는 일을 하는 실천적인 사람들이었습니다. 또한 그들은 참 하나님에 관한 무엇인가를 배우게 되자 주께 기도하며 희생제사를 드렸는데, 이를 통해 그들은 신학적으로도 상당히 성숙한 사람이라는 걸 알 수 있습니다.

니느웨 백성들도 마찬가지입니다. 그들은 요나의 메시지를 듣고 바로 금식을 선포하고 철저히 회개합니다. 겸허한 자세로 성읍 안에 있는 폭력들을 제거합니다. 심지어 짐승까지도 회개했다고 합니다. 니느웨 왕이 보인 모습도 인상적입니다. 그 역시 요나가 탔던 배의 선장과 마찬가지로 백성을 아끼고 돌보는 일에 상당히 신경을 쓰고 있습니다. 하나님의 진노로부터 벗어나기 위해서는 어떤 일도 하겠다는 책임감, 백성들의 안전과 복지를 위해 힘쓰는 모습이 보입니다.

요나와 선원들 그리고 니느웨 백성들의 극명한 대비를 보면서 이스라엘 백성들은 어떤 생각을 갖게 되었을까요? 이 이야기를 들은 우리는 지금 어떤 생각이 드나요? 도대체 이 이야기를 전하는 요나서 저자의 의도는 무엇일까요? 어쩌면 하나님은 우리 안에 깃든 악함을 직면하고, 우리와 전혀 생각이 다르다고 배척했던 이들 속에서 선함을 발견하길 바랐던 건 아닐까요? 세상 사람들의 착한 행동에 깜짝 놀라 자기들의 교세 확장에만 신경 썼던 이들을 돌아보게 만들려는 목적은 아니었을까요? 귀에 못 박히도록 설교를 듣고 하나님의 말씀을 읽었지만 여전히 주변 사람들을 돌볼 줄 모르고, 사람들의 안녕과 평화를 도모하는 일에는 전혀 관심이 없는 그리스도인들에게 따끔한 일침을 놓으려는 건 아닐까요? 하나님은 모든 이들을 편견 없이 사랑하시고, 심지어우리와 전혀 생각이 다른 이들을 통해 자신의 메시지를 전하실 수 있는 분임을 보여주고 싶었던 건 아닐까요?

요나서의 말씀은 우리를 상당히 불편하게 합니다. 교회밖 사람들과 그들이 하는 일을 우리는 어떻게 봐야 할까요? 우리보다 더 도덕적이고, 더 청렴하고, 더 경건한 이들이 있다는 사실을 인정하기란 쉽지 않습니다. 여전히 우리는 요나처럼 자기만의 안전한 곳에 갇혀 폭풍우가 몰아치는 갑판위로 나가길 두려워 합니다. 사람들과 함께 문제를 해결하고 생명을 구하는 일에 미온적인 태도로 일관합니다. 여전히 내부인과 외부인을 나누고 우리가 하는 일과 저들이 하는 일을 구분 지으려 합니다. 하나님이 세상을 얼마나 사랑하시는지 니느웨 백성들과 그곳에 사는 동물들까지 얼마나 아끼시는지 전혀 고려하지 않은 채 말이죠. 더 좋은 세상, 더 좋은 마을, 더 좋은 학교, 더 좋은 공동체를 만들기 위한 노력은 다른 누군가가 아닌 우리가 해야 할 일입니다. 하나님의 백성은 이 일을 위해 부름 받았습니다. 만약 우리가 이 사실을 깨닫지 못한다면 하나님은 세상 사람들을 통해서 이 소명을 알려주실 겁니다. 원래 너희들이 해야 할 일이 이런 거라고 하시면서 말이죠. 하나님은 지금도 생명을 살리기 위해 고군분투하는 구호단체들과 복지의 사각지대에 있는 이들을 돌보고 책임지는 이들, 인간이 누려야 할 보편적인 인권을 위해 투쟁하고 힘쓰는 이들의 헌신과 노력을 통해 우리에게 말씀하고 계십니다. 교회의 사명이 무엇인지, 그리스도인의 소명이 무엇인지, 그리고 우리가 해야할 일이 무엇인지 말입니다.

: 토의 질문 :

1. 여러분은 하나님이 이방인들을 통해서도 자신의 뜻을 펼칠 수
   있다는 사실을 받아들일 수 있나요? 성경 속에서 하나님의 뜻과
   목소리가 이방인을 통해 전달된 사례가 있는지 살펴봅시다.

2. 요셉, 다니엘, 에스더와 같은 인물은 이방 나라에서 포로로 살면
   서도 크게 성공한 인물들입니다. 이들은 어떻게 성공할 수 있었
   을까요? 그리고 그러한 성공을 어떻게 평가할 수 있을까요? 그리
   스도인이 어떻게 사회 속에서 자신의 역할을 충실히 감당하면서
   동시에 구별되는 행동을 보일 수 있을까요?

3. 다니엘과 세 친구가 풀무불 속에서 했던 고백, **그리 아니하실지**
   라도라는 신앙고백이 지닌 의미에 대해서 이야기해 봅시다. 이런
   믿음은 어떤 믿음일까요?

4. 그리스도인보다 더 착하고 경건한 세상 사람들을 보면 어떤 생각
   이 드나요? 반대로 세상 사람들보다 더 잔인하고 야비한 그리스
   도인을 보면 어떤 생각이 드나요? 신앙과 윤리, 믿음과 경건의 관
   계에 대해 이야기해 봅시다.

5. 그리스도인들은 자신들이 사는 마을과 공동체, 더 나아가 국가
   를 더 좋은 곳으로 만들기 위한 노력을 얼마나 하고 있나요? 만
   약 그렇게 하지 못하고 있다면 그 이유는 무엇일까요?

5장 °
도시의 복지를 위해 힘쓰라
(렘 29:4-7)

예레미야 29:4-7은 공공신학에서 자주 언급하는 중요한 본문입니다. 많은 신학자들이 이 본문에서 공공신학의 영감을 얻었습니다.

> 만군의 여호와 이스라엘의 하나님께서 예루살렘에서 바벨론으로 사로잡혀 가게 한 모든 포로에게 이와 같이 말씀하시니라 너희는 집을 짓고 거기에 살며 텃밭을 만들고 그 열매를 먹으라 아내를 맞이하여 자녀를 낳으며 니희 아들이 아내를 맞이하며 너희 딸이 남편을 맞아 그들로 자녀를 낳게 하여 너희가 거기에서 번성하고 줄어들지 아니하게 하라 너희는 내가 사로잡혀 가게 한 그 성읍의 평안을 구하고 그를 위하여 여호와께 기도하라 이는 그 성읍이 평안함으로 너희도 평안할 것임이라(렘 29:4-7)

여기서 유배지에 끌려간 이스라엘 백성들은 바벨론의 유익을 위해 일하라는 말씀을 듣습니다. 하나님은 포로로 끌려간 그 땅을 위해서 기도하고 그곳의 번영을 위해 힘쓰라고 말합니다. 그래야만 이스라엘 백성도 그곳에서 편안하게 지낼 수 있다는 것입니다. 하나님의 백성이 이방 땅에 정착하여 그곳에서 신실하게 살아가면 하나님께서 그들에게 복을 주시겠다는 겁니다. 어찌보면 당연한 논리인데도 왠지 낯설게 느껴지는 말씀입니다. 왜 그럴까요?

삶의 자리에서 신실하게

지금까지 우리는 이스라엘의 정체성과 삶의 태도는 근본적으로 출애굽으로부터 시작된다고 생각했습니다. 애굽의 체제와 규범으로부터 벗어나 새로운 공동체를 형성하는 것이 그들의 삶의 지향점이라고 생각했습니다. 실제로 출애굽 모티브는 신구약 성경 전반에 걸쳐 가장 중요한 이스라엘의 정체성이기도 합니다. 이런 출애굽 모티브는 이후에 인류 역사에서도 다양한 방식으로 전유되어 정치적인 수사로 사용되기도 했습니다. 시간이 흘러 출애굽 모티브는 새로운 버전으로 출현합니다. 최근에는 세속화를 애굽으로 규정하고 종교적 순수성을 강조하는 보수주의 진영이나 반대로 신자유주의 경제 체제를 사탄의 체제로 명명하고 이로부터 이탈하려는 진보주의 진영에서 차용하는 방식이기도 합니다. 방향은 다르지만 태도는 비슷합니다. 이들은 자신들이 반대하는 삶의 질서를 상정하고 그로부터 탈출하는 것을 실천의 목적으로 삼습니다. 그런데 유배 기간 동안 이스라엘 백성들이 보여준 삶의 태도는 이것과 조금 다릅니다. 기존 질서에 저항하고 대항하는 공동체도 어느 정도 힘이 있을 때나 가능한 방식입니다. 지금 이들이 가장 먼저 직면한 삶의 조건은 그야말로 **생존**이었습니다.

이런 난감한 상황에서 그리스도인의 생활윤리는 무엇이어야 할까요? 유배지에서 그들은 어떻게 처신해야 할까요? 지금 이스라엘 백성은 적들의 도시 한가운데서 살아가고 있습니다. 물론 속으로는 그곳이 무너지고 파괴되는 꿈을 꾸며 살고 있을 것입니다. 시편 139편에 나오는 것처럼 원수를 무찌르고 통쾌하게 보복하고 싶은 마음이 왜 없겠습니까? 하지만 현실은 정반대입니다. 바벨론은 매우 견고하고 거대한 나라였습니다. 이스라엘이 세력을 키워 맞서볼 수 있는 상대가 아니었습니다. 이 경우 그들이 할 수 있는 최선은 바벨론 문화에 적절히 적응하면서 어떻게든 살아남는 것이었습니다. 피할 수 없으니 받아들여야 했습니다. 하나님이 보내신 곳에 정착하고 주어진 상황에서 가능한 한 정상적인 삶을 꾸려나가야 했습니다. 유배라는 삶의 정황은 이방인들과 아무런 상관 없이 살아가는 삶이 아니라 그들과 함께 살을 맞대며 살아가는 삶이었습니다. 이런 삶의 태도는 세상을 등지고 세상으로부터 고립된 공동체 생활 속에서 나오지 않습니다. 오히려 지배적인 문화에 온전히 참여하면서 그들의 선교적 사명을 실현해야 하는 상황, 이때가 이스라엘에게는 더 새롭고 어려운 정체성을 형성해야 하는 시기였을 것입니다. 이것은 이방 나라에 대한 모든 것을 긍정하거나 수용하는 것도 아닌 그렇다고 모든 것을 배척하는 것도 아닙니다.

이들은 포로로 끌려간 곳에서 도망가지 않고, 자기들의 삶의 터전을 마련하고 그 문화에 적극적으로 참여합니다. 그곳에서 이스라엘 백성은 말 그대로 세상 속에 살면서도 세상과 다르게 살아가는 방법을 배우고 익힙니다. 그들은 자신들의 삶의 자리에서 신실하게 하나님의 말씀을 삶에 적용하기 위해 때로는 적응하고, 때로는 저항하면서 시대를 분별하는 훈련을 받았습니다. 이 기간은 새로운 정체성을 형성하는 시기였습니다. 누구도 가르쳐 준 적이 없고 누구에게도 배운 적이 없는 새로운 길을 개척해야 했습니다.

이제 이들은 낯선 이방인들 사이에서 주님의 뜻을 분별해야 합니다. 그 안에서 선이 무엇인지 분별해야 하고 정의를 발견해야 합니다. 바벨론이라는 거대 도시에서 먹고살기 위해 직장을 구해야 하고 그들과 함께 경제생활을 해야 합니다. 자녀들을 양육하기 위해 교육에 관심을 쏟아야 하고 지역사회의 소식에도 밝아야 합니다. 바벨론의 법도 잘 알아야 하고, 바벨론 사람들의 생활 습관과 정서도 잘 알아야 합니다. 그래야 살 수 있습니다. 언젠가는 다시 고향으로 돌아갈 날이 오겠지만 그때가 언제인지는 아직 알 수 없습니다. 일단 그날이 오기까지는 함께 어울려 사는 훈련을 해야 합니다.

세상 속에서 세상과 다르게

제임스 헌터(James D. Hunter)는 다소 냉소적인 어투로 교회와 세상 사이에 날카로운 선을 그으려는 모든 노력은 실패할 수밖에 없다고 말합니다. 세상의 가치와 삶의 현장으로부터 분리해 자기만의 거룩한 공동체를 추구하려는 시도는 사실 모든 영역에서 전방위적으로 그 영향력을 행사하는 어떠한 힘을 우습게 본 결과입니다. 사람들이 모인 곳은 어쩔 수 없이 (설령 그 곳이 교회라 하더라도) 세상과 공유하는 힘의 영역이 있기 마련입니다. 그래서 헌터는 그리스도인이 세상 한복판에 살아가면서 **힘 없음**을 이야기하는 것은 일종의 허구라고 날카롭게 비판합니다. 자신이 가진 권력으로 세상을 통치하겠다는 크리스텐덤적 사고방식도 문제지만 타락한 세상으로부터 떨어져 외딴 곳에서 홀로 유유자적 존재하겠다는 생각 역시 환상에 불과하다는 것입니다. 또 무력함과 나약함을 내세워 기독교적 방식으로 세상과 맞설 수 있다는 생각 역시 너무 순진한 발상일 수 있습니다. 우리는 그들과 다르다는 순혈주의적 자의식과 그들은 우리와 공유하는 부분이 전혀 없다고 생각하는 태도는 바람직하지 않습니다. 계속해서 새로운 대안을 찾으려고만 하는 과도한 욕심은 결국 건강한 기독교적 자의식을 형성하는데 방해가 될 수 있습니다. 그렇다면 우리가 교회에서 흔히 듣는 **세상에 있지만 세상에 속하지 말라**는 말씀의 의미는 무엇일까요? 헌터는 이렇게 말합니다.

> **세상에 있지만 세상에 속하지 말라**는 부름은 현 세상의 무질서 속에서 하나님의 뜻과 목적에 충실히 거하라는 부름이다. 그리고 그 충실함에 도달하는 유일한 방법은 그런 긴장을 인정하고, (실패는 불가피하고 언제든지 용서할 수 있으며, 우리 노력을 일신하고 신성하게 만들기 위해 성령께서 항상 역사하신다고 믿으며) 그 긴장 속에 거하는 것이다.[31]

한마디로 주어진 현실을 있는 그대로 받아들이라는 말입니다. 자꾸만 현실을 회피하거나 도망가거나 딴 곳에 관심을 두지 말고 지금 발 딛고 있는 현실을 인정하고 거기에서부터 문제를 풀어 나가야 합니다. 기독교는 세상 권력과 내재적으로 연결되어 있고 복잡하게 얽혀 있다는 현실, 그러면서도 하나님나라의 복음에 순종하고 증언하며 살아가려는 신실함, 그 과정에서 때로는 실패할 수밖에 없는 현실을 올바로 직시해야 합니다. 그리스도인들은 하나님의 말씀이 육신을 입고 이 땅에 오신 예수 그리스도와 성령의 지속적인 현존을 통한 임재와 참여의 신학을 만들어야 합니다. 구체적인 장소와 사람에게 집중함으로 주어진 자리에서 신실하게 삶을 살아내야 합니다.

낯선 이웃을 환대하기

본문에서 이스라엘이 처한 상황을 지금 우리의 상황에 직접 대입하기는 어려워 보입니다. 정황상 지금 우리는 다른 나라에서 피식민지인으로 살고 있는 것도 아니고, 실제로 핍박을 받고 있는 상황도 아닙니다. 어쩌면 정반대의 상황이라할 수도 있습니다. 문자적으로만 보자면 오히려 우리는 본국에서 살아가고 있는 사람들이고, 국내에 들어온 외국인들이 이스라엘과 같은 처지의 사람들이라 할 수 있습니다. 그래서 하워드 마샬(I. Howard Marshall)은 이 본문을 뒤집어서 적용해보자고 제안합니다.[32] 오늘날 우리 시대에는 하나님의 심판 때문에 타국으로 쫓겨난 사람은 없겠죠. 다만 압제적인 정부나 전쟁으로 인해 고향에서 쫓겨난 사람들이 있을 수 있습니다. 바로 난민들이죠.

예레미야 29:4-7의 말씀을 오늘 우리의 상황으로 뒤집어서 적용하면, 우리는 어떻게 난민을 수용하고 그들이 안전하게 살 수 있는 삶의 조건을 만들어줄 것인가로 바꿔볼 수 있습니다. 물론 우리나라에 들어온 외국인이나 난민들에게 대한민국의 복지와 자신들이 거주하는 도시의 평안을 위해 힘쓰라고 먼저 강요하거나 요청할 수는 없습니다. 오히려 반대로 우리 스스로에게 그들을 수용할 마음가짐이 있는지, 그들을 환영할 준비가 되어 있는지 물어볼 필요가 있습니다. 만약 우리가 그들의 복지를 추구할 준비가 되어 있지 않다면 그들에게 도시의 복지를 추구하라고 요구할 자격은 당연히 없습니다.

이 말씀을 조금 더 확장해서 적용한다면 그리스도인들은 우리와 함께 살아가는 이웃의 복지를 추구하고, 그들과 더불어 살도록 부르셨다는 사실을 깨달아야 한다는 것입니다. 물론 그 이웃이 우리와 아주 가까운 사람일 수도 있으나 반대로 아주 먼 사람일 수도 있습니다. 생각도 다르고, 종교도 다르고, 인종도 다를 수 있습니다. 그리스도인이 사랑해야 할 이웃이 우리와 너무나도 다른 사람, 이질적인 사람일 수 있다는 말입니다. 그동안 우리는 타인을 환대하고 호의를 베풀어야 한다고, 그것이 바로 이웃 사랑의 핵심이라고 수없이 말해왔습니다. 그런데 그 타인이 누구인지, 구체적으로 누구를 지칭하는지 물어보면 슬쩍 말끝을 흐리곤 했습니다. 우리는 이웃 사랑이라는 보편적인 명제에는 목소리를 높이면서도 그 이웃이 누구인지를 물어보면 대답을 회피하려 했습니다. 이웃의 이름을 구체적으로 호명할 때 거기에 왜 성소수자는 포함되지 않는지, 불법 이주민들이나 난민들은 왜 배제되는지, 부당하게 해고당한 노동자들은 왜 우리의 이웃에서 배제되어야 하는지 모르겠습니다. 어쩌면 우리는 이웃이라는 카테고리에 우리만의 어떤 조건을 걸고 있었던 것은 아닐까요? 만약 우리의 인식적 카테고리 안에 포함된 이웃만을 환대한다고 하면, 그것이 과연 성경에서 말한 환대의 의미를 제대로 구현한 것인지 진지하게 물어봐야 할 것입니다.

우리가 이미 설정한 경계를 넘어 진짜 타인을 대면했을 때의 두려움을 모르는 바 아닙니다. 베드로가 옥상에서 부정한 음식을 먹으라는 하늘의 음성을 들었을 때, 빌립이 에디오피아 내시에게 처음으로 복음을 전할 때, 왜 두렵지 않았겠습니까? 무섭고 긴장됐을 것입니다. 이래도 되나 싶었을 겁니다. 혹여 율법에서 금지한 음식을 먹으라는 음성이 사탄의 음성은 아닌지 심각하게 고민했을 수도 있습니다. 하지만 그렇게 복음은 전파되고 하나님의 역사는 경계를 넘어 새로운 세계를 펼쳐 보였습니다. 그래서 리처드 카니(Richard Kearney)는 낯선 이방인은 마치 처음 보는 괴물처럼 두렵고 떨리는 존재라고 했습니다.[33] 하지만 하나님은 그렇게 전적인 타자로 우리 앞에 현현하며 낯선 존재로 자신을 드러내는 분입니다.

인간은 누구나 익숙하고 비슷한 것에 편안함과 안정감을 느낍니다. 반대로 낯선 존재를 만나면 위협감을 느낍니다. 유유상종입니다. 그렇게 우리는 그동안 같은 인종, 같은 민족, 같은 집단끼리 똘똘 뭉쳐 우리들만의 성을 쌓고 성 밖의 사람들을 차별하고 배척해왔습니다. 그것이 얼마나 무서운 폭력을 가져올지 모른 채 말이죠. 이웃을 환대하는 것은 그저 그리스도인들의 선한 사업이나 기독교 사회윤리의 하나 정도로 치부될 수 없습니다. 환대는 하나님을 만나는 경험이고 폭력의 고리를 끊어버리겠다는 결단이며, 자신이 누구인지를 확인하는 인식의 전환입니다. 궁극적으로는 우리의 구원 역시 하나님의 환대가 아니고서는 결코 이루어질 수 없다는 것을 인정하는 신앙고백이기도 합니다.[34]

우리가 낯선 이웃을 환대하고 그들과 함께 공동선을 추구한다는 것은 서로의 유익과 복지를 위해 협력한다는 말입니다. 우리는 다원주의 세계에 살고 있고, 다른 사람의 권리와 생각을 인정하며 살아갑니다. 자기만의 문화와 종교를 유지하려는 이들과 어울려 살아야 하고, 서로 다른 욕망이 뒤섞인 사회에서 예민하게 감정들을 조율하며 살아가야 합니다. 이런 사회에서 갈등과 대립은 피할 수 없는 현실입니다. 서로 다른 가치가 충돌하고, 공동체에 대한 충성과 개개인이 가지는 도덕적 원칙이 충돌하기도 합니다. 혹은 보편성과 대립되는 특수성이 다른 사람들의 기본적인 권리를 제한 또는 침해할 수도 있습니다. 이럴 때 사회는 극단적인 이념이나 배타적인 공동체주의로 빠질 수 있습니다. 하지만 파커 파머(Parker J. Palmer)는 오히려 우리 사회가 낯선 사람과 함께 이런 긴장과 갈등을 창조적으로 끌어안을 때 비로소 공공성이 회복된다고 말합니다.

> 민주주의는 긴장을 끌어안기 위해 고안된 제도다. … 민주주의는 긴장에서 유발되는 에너지를 억압하는 것이 아니라 오히려 불러일으키도록 의도되었다. … 갈등을 끌어안으면서 창조성으로 전환시켜 새로운 생각과 행동 양식 그리고 서로에게 개방적일 수 있는 시민과 시민 지도자들에 의해서 작동되어야 한다.[35]

생각이 다른 이들과 함께 공동체를 이끌어 갈 때 우리는 서로의 부족함을 인정하고, 때로는 자신의 뜻대로 문제가 해결되지 않을 수 있다는 것도 받아들여야 합니다. 선한 일을 위해 힘을 썼는데 결과는 비참할 수 있고 그것이 자신의 의도와 다르게 악용될 수도 있습니다. 또는 이미 시작부터 이기적인 욕망이 개입하거나 특정한 동기에서 시작된 일인지 알면서도 어떤 목적을 위해 서로 연대해야 할 경우도 있습니다. 가혹한 정치의 현실은 사람들의 동기와 의지를 모두 동일하게 만들 수도 없거니와 그 속에 개입된 이기적인 욕망을 통제할 수도 없습니다. 그럼에도 하나님은 우리가 합력해서 선을 이루길 원하십니다. 하나님은 궁극적인 선을 이루기 위해 모든 상황에서 일하실 수 있으며, 인간의 불완전한 동기와 혼합된 욕망도 사용하실 수 있습니다. 하나님은 자신의 정의와 사랑을 보여주기 위해 가능한 모든 채널과 상황을 사용하실 수 있습니다. 우리가 주변 이웃과 더불어 공동선을 추구하고 복지를 증진하기 위해 애써야 하는 이유는 이런 하나님의 의지와 뜻을 믿고 신뢰하기 때문입니다.

우리는 사회 전체의 이익을 위해 생각이 다른 이들과 함께 연대와 통합을 이루어야 합니다. 영국 공공신학의 대부였던 던칸 포레스터(Duncan B. Forrester)는 이런 의미에서 교회의 사명은 교회 자체의 구조를 유지하는 것이 아니라 하나님의 모든 피조물을 구원하는 것이라고 이야기합니다. 공공신학은 **회개와 회심**이라는 복음에 관심을 두기보다는 오히려 **도시의 복지를 추구하는 신학**이라는 것이죠.[36] 공공신학에서 말하는 인간의 번영은 단지 예수 믿고 복받자는 기복주의 신앙도 아니고, 세상에서 성공해 하나님께 영광 돌리자는 승리주의 신앙도 아닙니다. 개인의 자유와 개체성을 억누르면서 무거운 십자가만을 강조하는 신앙도 아닙니다. 성공과 번영을 세속적 가치로 치부해버리고 그저 신앙적 순교와 헌신만을 강요하는 어두운 제자도도 아닙니다. 어떤 인간도 나락으로 떨어지지 않도록 사회적 안전망을 함께 구축하고 모두가 평화롭게 공존할 수 있는 시스템을 만들며, 인간으로서 누려야 할 기본적인 삶의 재화를 마련해 생존 기반을 만드는 것에 힘을 보태자는 것입니다. 이 일을 위해 그리스도인들은 세상 사람들과 함께 도시의 복지를 추구하고 삶의 자리를 마련해야 합니다. 우리는 세상을 섬기도록 부름받았지 세상으로부터 탈출하라고 부름받지 않았습니다.

1. 우리가 섬기고 도와주어야 할 이웃은 누구인지 구체적인 이름을 적어봅시다. 우리는 이웃의 경계를 어디까지 확장할 수 있을까요? 이웃으로 삼기 어려운 대상이 있다면 왜 그럴까요? 그 이유를 이야기해 봅시다.

2. 우리가 살고 있는 도시의 복지를 증진하기 위해 지금 당장 교회가 할 수 있는 일은 무엇일까요? 구체적인 실천 방안을 하나씩 이야기해 봅시다.

3. **세상에 있지만 세상에 속하지 말라**는 말씀을 어떻게 이해하면 좋을까요?

6장 °
적을 위한 윤리
(대하 28:1-15)

우리가 흔히 팔레스타인 혹은 이스라엘이라고 부르는 땅은 여호수아의 가나안 정복 전쟁 이후 이스라엘 민족의 열두 지파가 차지했습니다. 이들은 사사시대를 거쳐 왕정국가를 세웠고 초대왕 사울에 이어 다윗과 솔로몬까지 이어졌습니다. 하지만 솔로몬 이후 남과 북이 갈라져 북쪽에는 르호보암이, 남쪽에는 여로보암이 왕위를 이어갔습니다. 예루살렘 주변의 남쪽 지역은 유다와 베냐민 지파로 구성되었기 때문에 유나보, 나머지 지파들로 구성된 북부 지역은 이스라엘 또는 사마리아로 불려졌습니다. 전반적으로 남유다는 예루살렘 성전이 있기 때문에 조금 더 여호와 하나님에 대한 신앙을 유지할 수 있었지만, 북이스라엘은 이방 신을 따르고 하나님의 계명을 어기는 경우가 많았습니다. 하지만 그렇다고 두 나라 모두 하나님께 지은 죄로부터 자유로울 수는 없었습니다. 우상을 숭배하고 이웃을 돌보지 않은 죄는 모두 동일했습니다.

이스라엘은 강대국의 틈바구니에서 늘 외세의 공격에 시달려야 했지만, 이제는 같은 민족끼리 서로 싸워야 하는 지경에 이르렀습니다. 성경의 저자들은 자신들의 역사를 서술하면서 하나의 관점을 갖기 시작했습니다. 사관이라고도 할 수 있겠습니다. 이들은 자신들에게 닥친 위기와 어려움을 하나님의 심판으로 해석했습니다. 원수들에게 괴롭힘을 당하고 고난 당할 때 이것을 하나님의 심판이자 그들의 죄에 대한 형벌이라고 해석한 것이죠. 그들은 회개하고 뉘우치면 하나님께서 용서하고 회복시켜 주실 것이라 생각했습니다. 하나님의 심판은 그 자체가 목적이 아니라 회개와 회복이 목적이었습니다. 상황이 더 나빠지기 전에 얼른 회개하고 돌아오라는 경고였습니다.

역대하 28:1-15 말씀은 다소 생소한 본문일 수 있겠습니다. 이 말씀은 설교나 성경공부 시간에도 쉽게 접한 본문이 아닙니다. 여기에 나오는 이야기는 유다 왕 아하스가 어떻게 하나님을 등지고 우상을 따르게 되었는지, 그리고 그 결과가 어떠했는지를 보여주는 좋은 예라 할 수 있습니다. 하지만 이 이야기에는 좀 더 특별한 무언가가 있습니다. 바로 오덴이라는 예언자 때문입니다. 이제 그 이야기를 풀어보도록 하겠습니다.

예언자 오뎃 이야기

역대하 28:1-4까지는 아하스 왕의 죄가 소개됩니다. 그는 바알신상을 만들어 섬겼고, 하나님께서 싫어한다고 분명히 말씀하신 인신 제사도 드렸습니다. 산당과 언덕과 모든 푸른 나무 아래에서 제물을 바쳤다는 말씀으로 미루어볼 때, 우상숭배를 밥 먹듯 한 것 같습니다(4절). 그 결과 하나님은 유다를 그들의 원수 아람 왕의 손에 고통을 당하도록 내버려 두셨습니다. 유다 백성들은 포로로 끌려가고 수많은 사람들이 죽었습니다. 이뿐 아니라 같은 민족이었던 이스라엘의 왕 베가 역시 유다를 공격했는데, 성경은 하루에 12만 명의 군사들이 죽었다고 전합니다. 옛날에는 전투에서 군인들이 죽으면 그의 가족과 아내 그리고 자녀들은 모두 포로로 끌려갔습니다.

> 이스라엘 자손이 그들의 형제 중에서 그들의 아내와 자녀를 합하여 이십만 명을 사로잡고 그들의 재물을 많이 노략하여 사마리아로 가져가니(대하 28:8)

고대 세계에서 포로는 정복자의 노예가 되거나 다른 나라에 팔려가는 경우가 많았으니 이제 이들의 미래는 어찌 될지 뻔했습니다. 한편 북이스라엘은 전쟁에서 크게 이겼고, 엄청난 전리품과 함께 전쟁 포로들을 끌고 고국으로 돌아가니 그 기세를 상상해 볼 수 있습니다. 승리의 기쁨과 함께 여호와의 전쟁에서 이겼다는 신학적 정당성도 가지고 있었겠죠. 분명 이 전쟁은 하나님께서 아하스를 이스라엘의 왕에게 넘긴 전쟁이었습니다(28:5). 하지만 여기에서 이야기가 끝난다면 기존의 전쟁 이야기와 별 다를 바가 없을 겁니다. 이제 이야기는 오뎃의 등장으로 전혀 다른 방향으로 전개됩니다.

이스라엘의 예언자 오뎃은 포로와 함께 고국으로 돌아오는 이스라엘 군대를 맞으러 나갑니다. 그리곤 군대 장관과 정치 관료들 앞에서 당당하게 이들이 어떻게 전쟁에서 사람들을 죽이고 약탈했는지 지적합니다. 이어서 오뎃은 갇힌 자들을 집으로 돌려보내고 석방하라고 하나님의 이름으로 명령합니다. 그러자 이스라엘의 군대 지도자들은 오뎃의 말을 듣고 이스라엘 포로를 돌려보냅니다. 또한 그들에게서 빼앗은 물품들도 함께 돌려보냅니다. 더 놀라운 사실은 그 포로에게 필요한 구호 물품까지 제공했다는 사실입니다.

이 위에 이름이 기록된 자들이 일어나서 포로를 맞고 노략하여 온 것 중에서 옷을 가져다가 벗은 자들에게 입히며 신을 신기며 먹이고 마시게 하며 기름을 바르고 그 약한 자들은 모두 나귀에 태워 데리고 종려나무 성 여리고에 이르러 그의 형제에게 돌려준 후에 사마리아로 돌아갔더라(대하 28:15)

군대 지도자들은 북쪽으로 강제 진군하느라 굶주리고 아픈 포로들에게 입을 것, 먹을 것, 마실 것을 제공하고 전쟁으로 성치 않은 몸을 보호하기 위한 약품도 제공했습니다. 몸이 쇠약하거나 아픈 이들 혹은 노약자들은 나귀에 태워서 돌려 보냈습니다. 그리고 그들의 목적지인 여리고까지 안전하게 인도해 그들의 동포들에게 인계해 주었습니다. 어떻게 이런 일이 가능했을까요? 이 이야기를 통해 공공신학을 위한 몇 가지 신학적 성찰을 도출해 보고자 합니다.

전쟁 중에도 지켜야 할 윤리

먼저 예언자 오뎃의 대담하고 용기있는 발언을 주목해 볼 수 있습니다. 오뎃에 대한 정보는 역대기에 나오는 이야기가 전부입니다. 우리는 그가 어떤 예언자였는지 알 수 없습니다. 하지만 그는 정치인과 장군들 앞에서 담대하게 옳은 일을 하라고 명령했습니다. 그가 사마리아 지역에서 얼마나 영향력 있는 지도자였는지 알 수 없으나 그때나 지금이나 정치인들을 향해 옳은 소리를 가감 없이 전할 수 있다는 것은 쉽지 않은 행동입니다. 사실 예언자는 어느 시대나 그 시대의 등불이고 하나님의 말씀을 담대하게 전달하는 사명을 받은 이들입니다. 이사야와 예레미야, 아모스와 미가, 마르틴 루터와 본회퍼가 그랬습니다. 그들은 목숨을 걸고 하나님의 말씀을 전했고 실제로 순교를 당하기도 했습니다. 놀라운 사실은 이들의 담대한 발언이 지도자들에게 영향을 미쳤고 실제로 변화의 바람을 일으켰다는 겁니다. 오뎃은 12만 명의 유대 군인들의 목숨을 다시 살릴 수는 없었으나 더 이상 살육이 일어나지 못하도록 막을 수는 있었습니다.

그렇다면 오뎃은 어떻게 이런 놀라운 결과를 이끌어낼 수 있었을까요? 그가 정치지도자들에게 호소한 내용을 살펴보면 이렇습니다.

너희 조상의 하나님 여호와께서 유다에게 진노하셨으므로 너희 손에 넘기셨거늘 너희의 노기가 충천하여 살육하고 이제 너희가 또 유다와 예루살렘 백성들을 압제하여 노예로 삼고자 생각하는도다 그러나 너희는 너희의 하나님 여호와께 범죄함이 없느냐 그런즉 너희는 내 말을 듣고 너희의 형제들 중에서

사로잡아 온 포로를 놓아 돌아가게 하라 여호와의 진노가 너희에게 임박하였느니라(대하 28:9-11)

선량하고 평범한 사람이라도 특정한 이념이나 이데올로기에 사로잡히면 무서운 살인 병기로 변할 수 있습니다. 전쟁에 동원된 군인들의 경우 적을 향한 분노와 살기는 통제하기 어렵습니다. 전쟁의 패배자를 학대하고 고문하려는 인간의 잔인한 광기는 사악한 인간의 본성이라 할 수 있습니다. 오뎃은 이런 인간의 광기와 잔인한 행위를 중단시키고 제동을 걸었습니다. 비록 하나님께서 유다를 심판하기 위해 이스라엘 군대를 사용하셨다 하더라도 이들에게 합리적 수준을 넘어선 학살과 잔혹한 행위를 하라고 허락한 것은 아니었습니다. 오뎃은 멈춰야 할 지점을 정확하게 알고 지적했습니다.

전쟁 자체는 비극입니다. 하지만 때로는 테러리스트 때문에 치러야 하는 전쟁도 있습니다. 이유야 어찌 됐든 전쟁을 치뤄아 하는 상황이 발생하면 일단 정당한 방식으로 해야 합니다. 전쟁은 악이지만 덜 악하게 치를 수 있는 방법이 있을 수 있습니다. 민간인을 해치지 않는다든지, 건물을 무참히 폭격하지 않는다든지, 잔인한 복수를 하지 않는다든지 말이죠. 기독교 전통 가운데 **정의로운 전쟁론**은 오랜 역사를 가지고 있습니다. 이 이론은 평화주의자들과 오랜 논쟁 가운데 형성된 이론인데 비판할 지점도 많지만 현실적인 상황에서는 여전히 유용한 점이 있다고 생각합니다. 이를 통해 전쟁을 치를 때 인도주의적 차원에서 지켜야 할 보편적인 도덕 규칙을 서로 정할 수 있기 때문입니다.

적을 향한 연민

다음으로 오뎃은 하나님께서 유다의 죄에 대한 심판으로 전쟁을 허락하셨지만 이스라엘 사람들 역시 죄를 지었고, 실제로 그들이 유다 사람들보다 결코 나을 것이 없다고 말합니다. 그들 역시 하나님의 심판에서 자유로울 수 없다고 경고합니다. 이스라엘 민족 역시 하나님께 똑같이 죄를 지었고 심판을 받을 수 있다고 말합니다. 전쟁에서 승리했다고 한들 전혀 좋아할 것 없다는 말입니다. 그야말로 찬물을 끼얹는 예언자의 살벌한 메시지입니다. 보통 팔은 안으로 굽는 법인데 오뎃은 자기 민족에게도 가차 없이 하나님의 심판을 선언합니다. 하나님의 보편적인 정의와 공평에 호소하는 예언자의 메시지는 이스라엘뿐 아니라 모든 민족에게 동일한 원칙이 적용된다는 사실을 다시금 알려줍니다.

오뎃의 연설에서 주목할 또 다른 부분은 바로 적을 향한 연민의 마음입니다. 그들은 한 때 같은 민족이었지만 이제는 서로를 향해 칼을 겨누는 적으로 만났습니다. 오뎃의 호소는 적을 향해서도 우리가 충분히 연민을 가질 수 있고 그들을 인간적으로 대우할 수 있다는 점을 보여줍니다. 포로로 끌고 온 이들을 그저 풀어주고 집으로 돌려보내는 것이 아니라 그들의 필요를 충분히 채워줬습니다. 이 이야기는 우리가 적대적인 관계에 있는 이들과 어떻게 지내야 하는지, 원수와 어떻게 관계를 맺어야 하는지를 보여주는 좋은 실례입니다.

예수님은 당시 사람들이 가지고 있던 사회적 편견과 통념에 저항하고 새로운 관계를 형성했습니다. 함께 밥을 먹어야 할 사람이 따로 있고, 함께 어울려야 할 사람이 따로 있다는 생각을 과감하게 깨뜨렸습니다. 우리가 혐오하거나 배척했던 사람, 심지어 원수라고 생각했던 사람들까지도 너그럽게 품고 용서해 주셨습니다. 눈치챘을지 모르지만 역대하 28:15의 말씀을 읽으면서 신약의 어떤 본문이 떠오르지 않았나요? 여리고와 사마리아라는 지명이 눈에 들어왔다면 아마도 예수님이 누가복음 10장에서 말한 선한 사마리아인의 비유가 바로 떠올랐을 겁니다. 선한 사마리아인의 비유는 오뎃의 메시지와 너무나도 유사합니다.[37]

유대인 교사가 예수님께 어떻게 하면 영생을 얻을 수 있는지 물어봤을 때, 예수님은 예루살렘에서 여리고로 가는 길에 강도를 만나 거의 죽게 된 사람의 이야기를 들려줍니다. 동료 유대인이나 제사장은 그를 보고도 그냥 지나쳤지만 사마리아에서 온 한 사람이 그를 돌봐주고 필요한 것들을 챙겨줍니다. 상처난 부위를 치료해 주고 그를 나귀에 태워 여리고에 있는 안락한 곳으로 인도합니다. 예수님의 이야기가 우발적이라고 하기에는 역대하 이야기와 너무나 유사합니다. 어쩌면 예수님은 선한 사마리아인의 이야기를 통해 먼 옛날 오뎃의 메시지를 다시금 환기시킨 것은 아닐까요? 선한 사마리아인의 이야기가 오뎃 이야기의 오마주인 것은 예수님의 질문을 통해 확인할 수 있습니다. 예수님은 유대인 교사에게 "누가 강도 만난 자의 이웃이냐?"고 묻습니다. 우리가 사랑해야 할 이웃이 누구인가를 묻는 것입니다. 보통 이 이야기는 그리스도인들이 힘들고 어려운 사람을 도와주고 자비를 베풀어야 하며 그런 사역에 힘써야 한다고 적용합니다. 하지만 이렇게 적용하는 것은 예수님의 의도를 전혀 파악하지 못한 겁니다. 예수님의 이야기가 담고 있는 핵심 주제는 바로 사마리아 사람과 같은 이를 우리의 이웃으로 받아들여야 한다는 것입니다. 즉, 내가 가장 증오하고 미워하는 사람, 원수와도 같은 이를 이웃으로 받아들여야 한다는 것입니다. 어떤 분은 선한 사마리아인을 무슬림으로 바꿔서 읽으면 바로 그 느낌을 파악할 수 있다고 말하더군요.

짐 월리스(Jim Wallis)는 『하나님 편에 서라』에서 다소 충격적이면서도 훈훈한 이야기를 전해줍니다. 미국 테네시 주에 있는 하트송 교회는 같은 지역에 있는 이슬람 센터의 새 건물이 아직 건축 중이었기에 이슬람 회원들에게 라마단 기도 예배를 위해 예배당을 내주었다고 합니다. 지역 주민을 위한 하트송의 바비큐 파티에서는 이제 할랄 고기를 내놓고, 두 회중은 연합으로 노숙자 급식과 지역 아동의 학습 지도를 실시할 계획을 세웠다고 합니다. 이런 소식은 방송에도 소개되어 9/11 이후 기독교와 이슬람의 지속적인 갈등과 반목의 분위기를 반전시키는 사례로 알려지게 됩니다.[38] 짐 월리스는 하트송 교회의 이야기를 소개하면서 다음과 같이 이야기합니다.

나는 종교 사이의 중대한 차이를 흐릿하게 만드는 순진한 종교 다원주의를 옹호하지 않는다. 그러나 나의 종교 전통에서는 나에게 평화를 이루는 사람이 되라고, 특히 이웃이 나와 다른 의견을 가지고 있을 때 그들을 사랑하라고 가르친다는 것을 믿는다. … 우리가 모든 점에서 같은 의견을 가져야 한다는 말이 아니라, 우리가 서로를 사랑하고 존중하도록 부르심을 받았다는 말이다.[39]

예수님은 착하고 선한 사람만을 위해 죽으신 것이 아닙니다. 자신을 죽이려고 달려드는 사람과 하나님과 원수된 이들을 구원하시기 위해 십자가에서 아낌없는 사랑을 주셨습니다. 예수님의 십자가는 그래서 능력이 있습니다. 그 능력은 단지 몇 사람에게만 유효한 것이 아닙니다. 이 세상의 모든 불의와 착취, 억압과 부조리를 담아내기에 충분한 희생과 헌신이었습니다. 그분의 환대와 포용으로 말미암아 우리 역시 그 안에 들어갈 수 있었음을 잊지 맙시다.

: 토의 질문 :

1. 나와 생각과 입장이 다른 상대방에게도 예의 바르게 대우하는 것은 생각처럼 쉽지 않습니다. 심지어 적이라고 생각하는 상대에게 호의를 베푸는 것은 더욱 어렵습니다. 여러분이 생각하는 원수는 누구인가요? 그리고 그들을 어떻게 존중할 수 있을까요?

2. 정당 전쟁론과 평화주의의 논쟁은 기독교윤리의 오랜 토론 주제였습니다. 오늘날 정당한 전쟁은 과연 가능한지, 혹은 비폭력 평화주의는 실제로 어떤 효과를 가져올 수 있는지 이야기해 봅시다.

3. 짐 월리스가 소개한 하트송 교회의 환대에 대한 자신의 생각을 이야기해 봅시다.

7장 °
연민을 넘어 사회정의의 실현으로
(사 65:17-25)

성경에는 거짓 예언자와 참 예언자를 구별하는 기준이 몇 가지 있습니다. 첫째는 하나님의 천상 회의에 참석해서 하나님의 말씀을 직접 받은 사람이 참 예언자입니다. 둘째로 예언자의 예언이 그대로 성취되면 참 예언자입니다. 당연한 말입니다. 그런데 이 두 가지로는 참 예언자를 구별하기가 쉽지 않습니다. 자기가 하나님의 회의에 참석했다고 거짓말하는 사람이 있을 수도 있습니다. 또 예언이 성취되기까지 기다려야 하는데 그전에는 그가 진짜인지 가짜인지 가려내기 어렵습니다. 그래서 마지막 기준이 필요합니다. 그것은 바로 하나님의 심판을 선포하면 참 예언자요, 평안과 축복을 예언하면 거짓 예언자라는 것입니다. 당시 거짓 예언자들은 늘 정치지도자들의 눈치를 살폈습니다. 자기들도 먹고 살아야 했으니까요. 왕들과 정치인들은 입에 발린 소리만을 좋아했습니다. 백성들도 마찬가지였습니다. 거짓 예언자들은 **괜찮다, 하나님이 함께한다, 걱정하지 마라, 우리는 복을 받을 거다**라며 백성들을 현혹시켰습니다. 그래서 백성들에게 복을 선포하는 사람은 거짓 예언자였습니다. 앗수르와 바벨론 군사들이 쳐들어와 사마리아가 멸망하고 북이스라엘이 멸망하게 생겼는데, 여전히 하나님의 평안과 위로를 선포한 사람들이 가짜였습니다. 지금도 마찬가지입니다. 설교자는 언제든지 하나님의 위로와 사랑과 축복을 선포할 수 있습니다. 그런데 지금이 어느 때인지를 정확하게 분별하고 선포해야 합니다. 지금이 하나님의 위로와 축복을 선포할 때입니까? 아니면 하나님의 심판과 회개를 선포할 때입니까?

지금 한국교회는 급격하게 쇠락의 길을 걷고 있습니다. 단순히 양적인 저하를 말하고 있는 것이 아닙니다. 질적 쇠락이 더 큰 문제입니다. 젊은이들이 교회에 실망하고, 세상이 교회를 비웃습니다. 세상의 빛과 소금의 역할을 감당해야 할 교회가 그 맛을 잃고 사람들에게 밟히고 있습니다. 지금 우리에게는 얼마나 진지하게 시대의 목소리를 들을 수 있고, 시대의 요구를 경청할 수 있는지가 중요합니다. 그동안 지내온 것처럼 안일한 태도로 일관한다면 앞으로 한국교회는 어떻게 될지 모릅니다. 이사야서의 말씀을 통해 교회가 어떤 비전을 품어야 할지, 어떤 사명을 가져야 할지 살펴보고자 합니다. 절망의 시대에 하나님께서 우리에게 주시는 말씀이 무엇인지 묵상하면서 그리스도인의 역할과 책임에 대해 다시 한번 숙고해 보고자 합니다.

실현 불가능한 이상?

학자들은 이사야서가 크게 세 부분으로 구성되어 있다고 말합니다. 1-39장까지를 제1이사야, 40-55장까지를 제2이사야, 56-66장까지를 제3이사야라고 부릅니다. 제1이사야서는 유다와 열국의 심판, 메시아의 출현, 시온의 회복에 대한 내용이 주를 이루고, 제2이사야서는 바벨론으로 끌려간 사람들을 향한 회복의 메시지로 구성되어 있습니다. 마지막 제3이사야서는 제2이사야서에 대한 추가적인 해설이면서 동시에 새로운 환경에 어떻게 적용할지를 다루는 내용입니다.[40] 그런데 이사야는 앞에서 말한 판별 기준에 비추어 보면 참예언자가 아닙니다. 제2이사야서는 시온으로 돌아온 자들의 번영과 평화를 이야기합니다. 이사야 55:12-13을 보면 이들 앞에는 밝고 희망찬 미래가 펼쳐질 것만 같습니다.

> 너희는 기쁨으로 나아가며 평안히 인도함을 받을 것이요 산들과 언덕들이 너희 앞에서 노래를 발하고 들의 모든 나무가 손

뻑을 칠 것이며 잣나무는 가시나무를 대신하여 나며 화석류는 찔레를 대신하여 날 것이라 이것이 여호와의 기념이 되며 영영한 표징이 되어 끊어지지 아니하리라

그런데 56장부터 66장까지의 내용에 따르면, 그 예언은 끝내 성취되지 않습니다. 이사야 59:9-10은 다음과 같이 말합니다.

그러므로 정의가 우리에게서 멀고 공의가 우리에게 미치지 못한즉 우리가 빛을 바라나 어둠뿐이요 밝은 것을 바라나 캄캄한 가운데에 행하므로 우리가 맹인 같이 담을 더듬으며 눈 없는 자 같이 두루 더듬으며 낮에도 황혼 때 같이 넘어지니 우리는 강장한 자 중에서도 죽은 자 같은지라

이사야가 앞에서 예언한 시온의 대로가 활짝 열리지도 않았고 들판의 나무들은 손뼉을 치지 않았고, 가시덤불도 잣나무로 바뀌지 않았습니다. 이스라엘을 대적하는 이들은 여전히 그대로 있고, 유내의 광야노 여전히 샘물로 변하지 않고 그대로 있습니다. 그럼 이사야는 거짓 예언자인 걸까요? 이사야가 말한 회복의 비전과 평화의 나라는 허황된 꿈에 불과했던 것일까요?

폴 핸슨(Paul D. Hanson)은 예언자들의 소명이 단순히 예언의 성취에 있지 않다고 말합니다. 심판에 대한 예언은 궁극적으로 이스라엘 백성이 하나님의 말씀에 순종하도록 장려하는 데 그 목적이 있습니다. 예언자가 아무리 심판에 대해 자세하고 정확하게 예언을 했더라도 그 예언을 듣고 백성들이 회개하고 돌이켰다면, 그래서 하나님의 심판이 철회되었다면, 그 예언은 소기의 목적을 달성한 것입니다.[41] 우리는 요나서의 메시지를 통해 이런 하나님의 마음을 읽을 수 있습니다. 그들이 회개하고 돌이키자 하나님은 자신의 예언을 철회하셨습니다. 하나님의 목적은 그의 백성들이 회개하고 돌아서는 것이지 심판 자체가 아니기 때문입니다. 그렇다면 반대로 인간의 번영과 평화의 예언을 담고 있는 제2이사야서의 내용이 실제로 실현되지 않았을 때 우리는 그 예언을 어떻게 받아들이고 해석해야 할까요?

이사야의 소명은 "쓰라린 경험과 뿌리 깊은 상실감으로 혹독하게 징계를 받아서 미래에 대한 희망을 포기한 백성들에게 말씀을 전달"하는 것이었습니다.[42] 하나님은 바벨론에 포로로 끌려가 절망 가운데 살아가는 이들이 다시금 희망을 품고 살길 원했습니다. 유배라는 상황 속에서 이스라엘 백성은 새로운 세상을 접하고, 다양한 인종 가운데 새로운 삶의 방식을 터득해야 했습니다. 그들이 믿고 섬기는 신이 단지 아브라함과 이삭과 야곱의 하나님에서 멈추는 것이 아니라 온 우주의 통치자이자 만물의 주권자라는 사실을 알기 원했습니다. 세계관이 확장되고 관계의 변화가 일어나길 원한 것입니다. 이제 이스라엘은 고난이라는 삶의 현실을 창조적으로 끌어안고 새로운 방식으로 세상에 나가는 훈련을 하기 시작합니다.

그렇다면 새 하늘과 새 땅에 대한 비전을 담은 이사야 65:17-25의 말씀도 제2이사야서가 전한 위로와 회복의 메시지처럼 현실에서는 실현 불가능한 이상에 불과한 것일까요? 본문을 잘 읽어보면 이것은 천국에 대한 묘사가 아니란 걸 알 수 있습니다. 현실에서 일어나지 못할 일을 꿈꾼 것이 아닙니다.

> 내가 예루살렘을 즐거워하며 나의 백성을 기뻐하리니 우는 소리와 부르짖는 소리가 그 가운데에서 다시는 들리지 아니할 것이며 거기는 날 수가 많지 못하여 죽는 어린이와 수한이 차지 못한 노인이 다시는 없을 것이라 곧 백 세에 죽는 자를 젊은이라 하겠고 백 세가 못되어 죽는 자는 저주 받은 자이리라 그들이 가옥을 건축하고 그 안에 살겠고 포도나무를 심고 열매를 먹을 것이며(사 65:19-21)

어린 아이가 죽지 않고 노인이 존엄하게 생을 마감하며 자신의 손으로 수고하여 땀을 흘린 노동자들이 그 수고의 열매를 받고 누리는 세상, 이런 세상을 꿈꾸는 것이 어찌 환타지에 불과한 세상이겠습니까? 하나님의 비전은 현실 불가능한 이념도 아니고 천국에서나 누릴 수 있는 먼 나라의 이상도 아닙니다. 우리는 이 일을 이루도록 부름받았습니다. 따라서 우리는 이 일을 위해 열심을 다해야 하며, 또한 모든 사람이 하나님의 이러한 비전을 공유할 수 있도록 초대해야 합니다.

리처드 미들턴(J. Richard Middleton)은 포로기 이후 회복에 대한 예언적 비전을 다음 일곱 가지로 정리하는데 대부분 이사야서에서 이 특징들이 발견됩니다.[43]

1. **약속의 땅으로 귀환**: 포로 귀환은 약속된 땅에서의 재정착을 포함합니다. 완전한 구원과 번영은 현세적인 땅과 관련이 있습니다. (사 11:10-12, 16, 35:8-10, 55:12-13, 60:4)

2. **사회적 회복과 치유**: 이스라엘은 사회적 회복과 치유를 약속받는데 여기에는 도시적인 삶의 번영과 복이 포함됩니다. (사 35:5-6, 10, 60:1-2, 18-22, 61:1-4, 7,

9, 62:4-7, 12, 65:18-24)

3. **자연세계의 번영**: 사람과 동물이 평화롭게 공존하고 새로운 관계 속으로 들어갑니다. (사 35:1-2, 6-7, 55:12-13) 새로운 우주를 사회적 비전으로 연결하기도 합니다. (사 65:17)

4. **열방과의 새로운 관계**: 이스라엘과 적대 관계에 있던 나라들이 새로운 관계를 맺게 됩니다. (사 2:2-4, 60:3, 61:5-6, 9, 11)

5. **죄 사함과 새로운 마음**: 하나님은 새 언약을 통해 죄를 용서하시고 토라를 지킬 수 있는 능력을 그의 백성에게 부어주십니다. (사 30:20-21, 59:20-21)

6. **의로운 지도력의 회복**: 과거 부패한 지도층을 대체하고 새로운 지도자를 약속합니다. (사 11:1-5, 32:1)

7. **하나님이 백성 가운데 계심**: 하나님께서 구속받은 백성들과 늘 함께하시겠다고 약속합니다. 결국에는 온 땅이 하나님의 영광을 아는 지식으로 충만해질 세상을 꿈꿉니다. (사 11:9)

이사야의 비전은 하나님이 꿈꾸는 인간 세계에 대한 희망을 표현한 것입니다. 이 목적을 위해 우리 모두 함께 실천하고 힘써야 합니다. 이 비전의 원천은 이스라엘 백성들에게 주어진 하나님의 꿈이었지만, 실제로 이 비전은 사회의 모든 구성원들이 함께 만들어야 할 사회적 비전입니다. 아이들이 보호받고, 노인이 존경을 받으며, 노동자가 공정한 보상을 받는 것은 단순히 우리끼리 잘 먹고 잘 산다고 실현될 이상이 아닙니다.

물론 성경에는 교육 정책이나 경제 이론 혹은 노동 환경에 대한 구체적인 이야기가 등장하지 않습니다. 하지만 이사야의 비전을 실현하기 위해 우리가 어떤 방식으로 행동하고 사회 정책을 만들어야 하는지 유추해 볼 수 있습니다. 이사야가 꿈꾸는 사회는 그야말로 인간의 기본적인 생존권이 보장받는 사회입니다. 모든 어린이가 건강하게 자랄 수 있고, 노인들이 존엄하게 생을 마감할 수 있는 권리는 인간의 번영과 행복을 위해 반드시 갖추어야 할 사회 조건입니다. 대단한 이익을 바라는 것이 아니라 노동자들이 정당한 대우를 받으면서 즐겁게 일할 수 있는 환경을 만들자는 겁니다. 가족이 함께 쉴 수 있는 작은 땅을 갖고자 하는 바람은 그야말로 기본적인 욕구라 할 수 있습니다. 다시 한번 말하지만, 이런 요구들은 너무 높은 비전도 아니고 실현 불가능한 이

상도 아닙니다. 지금 당장 우리가 만들어 나가야 할 현재적
과제입니다.

자선을 넘어선 정의

어떤 분은 사회 조직을 개혁하고, 실질적인 정책을 만들고,
현실 정치에 적극적으로 참여하는 것이 성경에서 말하고 있
는 바가 아니라고 반박할지 모르겠습니다. 하나님나라의 복
음과 실제 현실 사회의 개혁을 분리해서 생각하는 것이죠.
그런데 정말 그럴까요? 로널드 사이더(Ronald J. Sider)는 이렇
게 복음과 사회변혁을 분리해서 생각하는 관성에 일침을 날
립니다. 사이더는 정의에 관심을 기울이지 않는 종교적 관
습은 폐지하라는 것이 구약성경의 일관된 외침이고 예언자
들의 중요한 메시지였다고 말합니다. 실제로 성경은 기도나
속죄 혹은 예수님의 부활보다 가난한 자에 대한 하나님의
관심을 더 많이 다루고 있다고 합니다. 따라서 이것은 단지
윤리적 가르침도 아니고 신앙생활에서의 선택 사항도 아닙
니다. 사회정의를 실현하는 것은 하나님에 대한 신앙고백의
일부이며, 성경의 핵심적인 가르침입니다.[44]

　　그리스도인들은 여전히 개인적으로 선행을 베풀고 자선
사업을 통해 어려운 이들을 돕는 일이 중요하다고 생각합니

다. 단, 그 이상을 시도하려 하지 않습니다. 하지만 이사야의 비전처럼 어린이와 노인의 삶을 향상시키고 노동자의 삶의 질을 개선하기 위해서는 이런 노력만으로는 부족합니다. 실질적인 구조를 바꾸고 정책을 만들어야 합니다. 사이더는 그리스도인들이 단지 자선 행위를 통해 선한 영향력을 끼치려는 태도에 대해 재미있는 예화를 통해 반박합니다. 인도의 한 정신병원에서는 환자가 퇴원해도 좋을지 평가하는 훌륭한 방법이 있다고 합니다. 큰 양동이를 수도꼭지 아래 놓고 물로 그 양동이를 채웁니다. 수도꼭지를 틀어 놓은 채 환자에게 숟가락을 주고선 **양동이를 비우라**고 말합니다. 만약 그가 수도꼭지를 잠그면 퇴원을 해도 되고, 그렇지 않고 숟가락으로 물을 퍼내고 있으면 그는 아직 정신이 온전하지 않은 것이죠. 사이더는 이 예화를 통해 그리스도인들이 사회 문제에 접근하는 태도를 지적합니다. 여전히 그리스도인들은 수도꼭지를 잠글 생각은 하지 않고 자선 사업이라는 숟가락으로 양동이의 물을 퍼내고 있다는 것입니다.[45] 그리스도인들이 가난한 지역에 병원을 세우고, 구호 물품을 제공하는 것도 좋지만, 그 지역의 바이러스를 제거할 수 있는 근본적인 대책을 마련하는 것이 더 중요할 수 있습니다.

또한 구조적 변화는 그 효과에서도 탁월하지만 도덕적으로도 탁월하다고 말합니다. 개인적 자선과 선행은 기부자의 우월감과 수혜자의 수치심을 더 부추길 수 있습니다. 하지만 제도적 변화와 구조적 개선은 수혜자가 스스로 변화를 만들어 갈 수 있도록 도울 수 있습니다. 그래서 사이더는 "노동조합에 소속되어 있는 것은 아주 좋은 대우를 받는 노예보다 훨씬 낫다. 그것은 노동자의 자기 존중과 노동자를 대하는 고용주의 태도를 위해서 훨씬 탁월하다"고 말합니다.[46] 이처럼 그리스도인의 사회적 비전은 국가와 사회 또는 다양한 사회적 기관들과 협력해서 함께 만들어 나가야 합니다. 혼자만 혹은 교회만의 힘으로 인간의 번영과 복지를 이루겠다는 욕심은 버려야 합니다. 실제로 가능하지도 않습니다. 이사야의 비전은 우리가 사회의 일원으로서 함께 만들어갈 공동선을 보여주고 있습니다.

예언자적 상상력의 힘

예언자의 사명은 현실을 정확하게 파악하고 인지하는 것입니다. 교회가 쇠퇴하고 있는 상황에서 하나님의 교회는 결코 망하지 않으니 너무 걱정할 것 없다고 낙관적으로 말하거나, 교회의 순수성을 지키기 위해 세상과 전혀 다른 방식으로 무장해야 한다고 말하는 사람도 있습니다. 이때 영적 군사와 같은 표현이 주로 오용됩니다. 하지만 예언자는 지금 무엇을 해야 할 때인지 분별하는 사람입니다. 사람들을 미몽에서 깨어나게 하고, 시대를 분별할 수 있도록 안내하는 사람입니다. 그래서 예언자는 예리하게 현실을 인식하는 사람이라 할 수 있습니다. 그런데 그 방법이 바로 상상력과 비전 제시입니다. 사람들이 **어떻게 살아야 하는가?** 라고 물어볼 때, 예언자는 **무엇을 소망하며 살 것인가?** 로 되돌려서 질문합니다. 냉철한 현실 인식과 그 너머를 상상하는 비전 제시를 변증법적으로 엮어내면서 하나님의 역사를 만들어 냅니다. 그리스도인은 **삶의 모든 국면에서 하나님의 샬롬, 하나님의 구속적 임재를 체험할 방법들을 찾아**내며 살아가야 합니다.[47] 하나님의 비전이 먼 미래에 일어날 일이라며 뒷짐지고 방관하지도 말아야 하고, 너무 쉽게 현세의 정치나 사회적 현상을 하나님나라의 현현이라고 동일시하지도 말아야 합니다. 다시 한번 말하지만 너무 성급한 승리주의도, 낙심한 패배주의도 아닌 **나름의 길**을 찾아가는 것이 그리스도인의 삶의 자세입니다.

공공신학에서 말하는 인간의 번영은 단순히 물질적 번영을 말하는 것이 아닙니다. 하나님의 축복을 고작 잘 먹고 잘 사는 물질적 번영으로만 연결지어 생각하는 것은 신학적 상상력의 빈곤입니다. 우리가 꿈꾸고 추구해야 할 번영은 월터 브루그만이 말한 예언자적 상상력이라고 할 수 있습니다. 물론 브루그만은 그 상상력을 주로 정치적인 것으로 연결지었지만 우리는 그와 더불어 보다 사회적이고 문화적인 차원으로 확장해 나갈 필요가 있습니다. 공공성은 단순히 정치적인 차원에만 국한되는 것이 아닙니다. 오히려 정치가 상상하지 못한 영역까지 넘어가 사람들을 새로운 사회적 관계로 이어주고 연결하는 것이라 할 수 있습니다. 예언자의 중요한 사명 중 하나는 바로 이러한 상상력을 보여주는 것입니다. 즉 하나님의 비전을 제시하는 것입니다. 브라이언 왈쉬(Brian J. Walsh)는 예언자의 상상력을 이렇게 말합니다.

> 예언자나 예언자적 공동체가 던져야 할 첫 번째 질문은 비전 혹은 세계관이 현실적이고, 실행 가능하며, 이행 가능한 것이냐가 아니다. 그것이 우리의 첫 번째 질문이라면 이는 우리의 상상력이 이미 실용적이고 물질주의적이며 세속적인 문화의 포로가 되었다는 징후일 뿐이다. 우리가 던져야 할 질문은 그 비전과 세계관이 상상 가능한 것인가이다.[48]

유배 생활로 이스라엘 백성들은 깊은 좌절감과 패배감에 휩싸였습니다. 이사야가 보여준 비전과 회복의 선포는 이들에게 무력함에서 빠져나올 수 있는 해방의 도구였으며, 실제로 다시 나라를 재건할 수 있는 힘과 용기를 불어넣어 주었습니다. 이들이 다시 새로운 삶을 시작할 수 있는 강력한 영적 에너지가 되었습니다. 사람들과 새로운 관계를 형성하고

주변 사물과 환경에 관심을 쏟고 돌볼 수 있는 여유와 능력
도 부여해 줬습니다. 사회적 기반을 다지고 서로를 돌볼 수
있는 넉넉한 마음도 심어주었습니다. 이 모든 일이 가능했던
것은 바로 하나님께서 이사야를 통해 보여주신 비전 때문입
니다.

: 토의 질문 :

1. 이사야가 꿈꿨던 새 하늘과 새 땅을 우리 사회에 실현하기 위해
   선 구체적으로 어떤 행동, 어떤 정책, 어떤 실천이 있어야 할까요?

2. 오늘날 우리 사회에 필요한 복지제도, 사회적 안전망, 기본적인
   삶의 조건은 어떤 것들이 있을까요? 이를 실현하기 위해 교회는
   어떤 일들을 할 수 있을까요?

3. 미래에 대한 불안과 두려움 가운데 살아가고 있는 그리스도인이
   있다면 어떤 이야기로 용기와 힘을 불어넣어 주시겠습니까? 새로
   운 희망을 가질 수 있도록 어떻게 도와줄 수 있을까요?

8장°
응보적 정의를 넘어 회복적 정의로
(마 11:2-6)

앞서 역대하 말씀을 설명하면서 하나님의 심판에 대해 언급한 바 있습니다. 구약성경에서 하나님은 이스라엘 백성들이 말씀을 지키지 않거나 이행하지 않을 때 전염병이나 기근, 때로는 다른 나라와의 전쟁을 통한 패배와 재앙으로 심판하십니다. 민족의 죄가 민족의 재앙으로 연결되는 것입니다. 예언자들은 이 상황을 타개할 해법으로 회개를 촉구합니다. 특정한 재앙을 특정한 죄에 대한 심판으로 해석한 것입니다. 문제는 오늘날 그리스도인 개인이나 공동체가 겪는 고난을 이런 식으로 해석할 수 있느냐는 것입니다. 그동안 천재지변이나 자연재해, 즉 자연적 악에 대한 수많은 신학적 설명에도 불구하고 여전히 인간에게 닥친 재앙을 하나님의 심판으로 해석하는 경향은 큰 힘을 발휘하고 있습니다. 최근에는 코로나 바이러스도 하나님의 심판으로 해석하는 신학자들이 있습니다. 존 파이퍼(John Piper)의 경우 우리가 경험하는 자연세계의 고통과 악은 도덕적 악을 보여주는 징표이자 그림자라고 설명합니다. 따라서 코로나 바이러스 역시 인간이 얼마나 무서운 죄를 지었는지 상징적으로 보여주는 실례라고 말합니다.

> 나의 대답은 이렇다. 하나님이 물리적인 세상을 저주 아래 두신 이유는 질병과 재난 안에서 목격하는 물리적 끔찍함이 죄의 끔찍함을 생생하게 보여주는 그림이 되게 하기 위해서이다. 다시 말해, 물리적인 악은 하나님을 거스른 도덕적인 악을 가리키는 푯말이자 비유이자 드라마다.[49]

물론 존 파이퍼는 모든 고난이 다 특정한 죄에 대한 심판은 아니라고 말합니다. 그럼에도 여전히 하나님을 거부하고 죄를 짓는 사람에게는 하나님의 심판이 임한다고 이야기합니다. 아모스 예언자는 "어느 성읍에 재앙이 덮치면, 그것은 주께서 하시는 일이 아니겠느냐?"라고 말했습니다(표준새번역, 암 3:6). 사실 재난을 이렇게 해석하는 것이 기독교 신앙전통에서 그리 낯선 것은 아닙니다. 우리가 믿고 고백하는 하나님은 우주를 창조하셨고 동시에 모든 것을 심판하는 분입니다. 따라서 공의로운 하나님이 인간의 행동에 따라 잘 잘못을 따지고 심판하는 것은 전혀 이상하지 않습니다. 코로나 바이러스를 하나님의 심판으로 해석할 경우 인간의 불의나 죄를 무엇으로 보느냐는 저마다 다를 수 있습니다. 어떤 이들은 그것을 영적이고 내면적인 죄로 해석해 우상숭배나 성적인 타락으로 보기도 하지만 또 어떤 이들은 인간의 무분별한 자연훼손과 생태계 파괴에 대한 인간의 탐욕으로 보기도 합니다. 어찌 되었던 모두 다 인간의 불의에 대한 하나님의 진노라고 해석하는 점에서는 동일합니다. 하나님은 다양한 방식과 채널로 우리에게 사인을 보내시고 깨닫게 하실 수 있습니다. 때로는 자연재해를 통해서도 얼마든지 그렇게 하실 수 있습니다.

하나님의 심판과 하나님의 정의

내용은 다르지만, 비슷한 사례로 미국의 성서학자 단 비아(Dan O. Via)는 9·11 테러 사건을 미국을 향한 하나님의 심판으로 해석합니다. 비아는 성경에서 말하는 정의와 하나님의 심판을 연결하면서 "역사에 나타난 하나님의 심판 행위를 기독교 신학에 여전히 유효한 해석학적 렌즈"로 받아들여야 한다고 말합니다.[50] 그동안 미국은 국제사회에서 악과 불의를 저질렀고 하나님은 9·11 테러를 통해 이를 심판하셨다는 것입니다. 비아는 성경의 다양한 본문을 인용하면서 하나님의 심판과 정의의 상관관계를 규명하고, 여기에 여러 철학자들과 신학자들의 견해까지 첨가해 성경적 정의론을 구축합니다.

비아가 말하는 성경적 정의론을 조금 더 설명해 보겠습니다. 그는 출애굽 사건에서 이스라엘의 정의 개념과 그 근거를 찾습니다.[51] 이스라엘의 역사에서 출애굽 사건은 하나님의 공의를 이해하는 모델로 작용했습니다(시 99:4, 사 5:16, 61:8). 또한 이스라엘과 언약 관계의 기초를 형성한 사건으로 이해되기도 했습니다(출 19:4-5, 34:27, 신 6:20-25, 7:7-9). 이렇게 출애굽 사건은 이스라엘의 공동체 생활에서 정의로운 관계의 모델이 되었습니다. 여기서 하나님은 사회의 가장 낮은 계급의 사람들, 즉 노예를 해방하고 그들에게 은혜를 베푼 분으로 묘사됩니다. 그 시대에 가장 약하고 가난한 사람들을 구출하고 돌보는 것이 바로 하나님의 정의였습니다. 따라서 이스라엘은 그 출발 자체가 하나님의 정의에 의해 만들어진 공동체였고, 그들이 따라야 할 정의의 기준 역시 가난하고 무력한 자에게 은혜를 베푸는 것이어야 합니다. 따라서 정의에 대한 이스라엘의 개념은 은혜, 자비, 책임, 공정성이라는 말로 대변될 수 있습니다. 구약성경에서 단골처럼 등장하는 고아, 과부, 나그네, 가난한 자에 대한 돌봄은 이스라엘 백성들이 가지고 있던 가장 독특한 정의의 특징입니다.

비아는 구약성경에서 말하는 정의가 오늘날 분배 정의 (Distributive Justice)에 해당한다고 말합니다. 한정된 자원을 공정하게 분배하되 그 사람이 처한 상황을 고려해서 적절한 재화를 제공하기 때문입니다. 하지만 인간 사회에서 재화의 분배는 늘 불평등과 불공정의 문제를 일으키기 때문에 이를 수정하고 변혁하기 위한 응보적 정의(Retributive Justice)가 필요했다고 말합니다. 응보적 정의는 분배 정의가 제대로 작동하지 않아 불평등이 가속화될 때 필요한 정의였고, 공동선에 기여한다는 목적으로 사용되었다는 것입니다. 그런 의미에서 **눈에는 눈, 이에는 이**라는 법은 무자비한 보복이 아니라 오히려 약자를 보호하는 법일 수 있습니다. 고대 사회에서 강한 자가 약한 자의 재물을 빼앗더라도 제대로 배상을 하지 않은 경우가 많았으니 오히려 이 법은 약자가 자신의 재산을 보호할 수 있는 법으로 작동했습니다. 비아는 이렇게 분배 정의와 응보적 정의가 논리적으로 긴밀하게 연결되어 있고, 이 둘이 함께 이스라엘의 정의론을 구성한다고 말합니다.[52]

문제는 성경에서 이렇게 인간의 불의와 하나님의 심판 사이의 연관성이 정확하게 들어맞지 않는 상황이 빈번하게 등장한다는 것입니다. 악당들은 여전히 보란 듯이 떵떵거리며 잘 살고 있고 기세등등하게 의인들을 괴롭힙니다. 이런 상황에서 어찌 공의로운 하나님을 이야기할 수 있을까요? 성경의 기자들도 답답한 마음에 이런 상황을 하나님께 따져 묻는 장면이 자주 나옵니다. 하나님의 심판과 정의 그리고 인간의 행동에 대한 인과적 연결이 잘 납득되지 않을 때 즉, 인간이 저지른 불의와 하나님의 심판의 연관성이 불분명할 때 우리는 혼란에 빠집니다. 더욱이 하나님의 심판이 공의롭다고 한들 그것을 오늘날 우리가 생각하는 정의의 개념과 연결지을 수 있을지도 미지수입니다. 하나님의 심판이 정의로운 분배를 위한 응보적 정의였다고 하더라도 그것이 지금 우리 사회에 필요한 정의인지는 잘 모르겠습니다.

만약 하나님의 정의가 응보적 정의가 아니라 회복적 정의라고 한다면 어떻게 될까요? 하나님의 공의가 약한 자를 보호하고 악한 자를 심판하는 것이라 하더라도 구약성경에서 하나님을 심판의 하나님, 보복하는 하나님으로만 보는 것은 문제가 있습니다. 심판의 목적이 회복과 치유에 있다면 신약에서의 예수님은 오히려 응보적 정의가 아닌 회복적 정의를 구현하려는 듯 보이기 때문입니다.

오실 그이가 당신이오니이까[53]

마태복음 11:2-6은 예수님의 자기 정체성과 사명에 대한 말씀이지만, 그 속에는 하나님의 심판과 정의의 관계를 규명할 수 있는 내용이 담겨 있습니다. 먼저 본문의 맥락과 상황을 설명하면 이렇습니다. 하나님나라의 도래를 선포하고, 회개의 복음을 선포했던 세례 요한은 지금 옥에 갇혀 있습니다. 그리고 그는 예수님이 바로 "오실 그이", 그토록 기다리던 메시야가 맞냐고 묻습니다. 사실 세례 요한의 메시지와 예수님이 공생애를 시작하시면서 전한 메시지는 동일합니다.

그 때에 세례 요한이 이르러 유대 광야에서 전파하여 말하되 회개하라 천국이 가까이 왔느니라 하였으니(마 3:1-2)

이때부터 예수께서 비로소 전파하여 이르시되 회개하라 천국이 가까이 왔느니라 하시더라(마 4:17)

세례 요한이 전하는 하나님나라의 복음은 사실 무시무시한 심판의 메시지입니다. 마태복음 3:7-12을 보면, 살벌하고 어두운 이미지들이 계속 등장합니다. "독사의 자식들"에게 "임박한 진노"를 선포하고(3:7), "도끼"로 나무를 찍고, "불"에 던져버리겠다는 엄포를 놓습니다(3:10). 또 "손에 키를

들고" 타작 마당을 정화시키고, 쭉정이는 "불"에 태워버리겠다고 합니다(3:12). 여기서 나오는 타작 마당 이미지는 마태복음 13:24-30, 13:47-50, 25:31-46에서 종말론적 심판의 이미지로 계속 등장합니다. 이렇게 보면 예수님의 메시지 역시 응보적 심판이라는 세례 요한의 메시지를 반복한 것처럼 보입니다. 감옥에서 세례 요한이 질문한 것도 어쩌면 그가 생각했던 메시야의 이미지가 이런 한계를 벗어나지 못했기 때문은 아닐까요? 하지만 요한의 질문에 예수님은 전혀 다른 대답을 하십니다. 쉽게 예상할 수 있는 심판의 메시지가 아닌 치유와 회복의 메시지를 전하십니다.

> 맹인이 보며 못 걷는 사람이 걸으며 나병환자가 깨끗함을 받으며 못 듣는 자가 들으며 죽은 자가 살아나며 가난한 자에게 복음이 전파된다 하라(마 11:5)

여기에 열거된 메시야 사역은 이미 이전에 예수님께서 하셨던 일입니다. 앞을 못 보는 사람이 보고(마 9:27-31), 다리를 저는 사람이 걷고(마 9:2-8), 나병환자가 깨끗해지는 놀라운 기적이 일어났습니다(마 8:2-4). 심지어 죽은 자를 일으키기도 했습니다(마 9:18-26). 예수님의 산상수훈은 가난한 자에게 복음이 전파되는 것으로 시작됩니다. 살짝 더 의미 부여를 하자면, 예수님의 메시야 사역은 가난한 자에게 하나님의 복음을 선포하는 것으로 마무리됩니다.

예수님께서 행하신 사역이 복음서 앞부분에 나와 있지만, 사실 이 사역들은 이사야서와 직접 연결되기도 합니다. 이사야 35:4-6과 61:1-4은 마태복음의 메시지와 매우 유사합니다.

보라 **너희 하나님이 오사 보복하시며 갚아 주실 것이라** 하나님
이 오사 너희를 구하시리라 하라 그 때에 맹인의 눈이 밝을 것
이며 못 듣는 사람의 귀가 열릴 것이며 그 때에 저는 자는 사
슴 같이 뛸 것이며 말 못하는 자의 혀는 노래하리니 이는 광야
에서 물이 솟겠고 사막에서 시내가 흐를 것임이라(사 35:4-6)

주 여호와의 영이 내게 내리셨으니 이는 여호와께서 내게 기름
을 부으사 가난한 자에게 아름다운 소식을 전하게 하려 하심
이라 나를 보내사 마음이 상한 자를 고치며 포로된 자에게 자
유를, 갇힌 자에게 놓임을 선포하며 여호와의 은혜의 해와 **우**
리 하나님의 보복의 날을 선포하여 모든 슬픈 자를 위로하되
무릇 시온에서 슬퍼하는 자에게 화관을 주어 그 재를 대신하
며 기쁨의 기름으로 그 슬픔을 대신하며 찬송의 옷으로 그 근
심을 대신하시고 그들이 의의 나무 곧 여호와께서 심으신 그
영광을 나타낼 자라 일컬음을 받게 하려 하심이라 그들은 오

래 황폐하였던 곳을 다시 쌓을 것이며 옛부터 무너진 곳을 다시 일으킬 것이며 황폐한 성읍 곧 대대로 무너져 있던 것들을 중수할 것이며(사 61:1-4)

이사야서에서 하나님은 의로운 분으로 묘사됩니다. 그분은 공의로 다스리고 심판하시기 때문에 이스라엘의 억울함을 풀어주고 그들이 당한 것을 갚아주는 분입니다. 하나님의 보복, 즉 응보적 정의가 중요한 메시지이지만 결국에는 희망의 메시지로 끝납니다. 기쁨과 소망의 메시지가 울려 퍼집니다. 이사야서에서 말하는 회복의 메시지와 예수님의 메시지의 차이점을 눈치채셨나요? 네, 그렇습니다. 메시야 사역에 대한 예수님의 선포에는 심판과 보복의 내용이 없습니다.

세례 요한은 이사야가 말하는 하나님의 보복을 기대했던 것일까요? 예수님의 사역을 보면서 조금은 의심이 들었나 봅니다. 진정한 메시야는 이사야가 말한 것처럼 하나님의 심판과 회복을 동시에 이야기해야 한다고 생각했는지도 모르죠. 하지만 예수님은 자신의 사역을 회복의 메시지와만 연결시켰습니다. 아마도 이것이 요한으로 하여금 예수님을 의심하게 만들지 않았을까 합니다. 분명 성경에는 보복과 회복이 동시에 나오기 때문입니다.

물론 궁극적으로 이런 예수님의 메시지가 만물의 창조주이자 공의로운 하나님의 성품과 어떻게 통합될 수 있는지는 여전히 어려운 문제입니다. 하나님의 심판을 진지하게 고려하지 않는다면 우리는 역사 속에서 무엇이 옳고 그른지, 무엇이 선하고 악한지 결정할 수 없고 그저 강자의 정의가 허용되는 결과를 따라갈 수도 있습니다. 하나님의 회복은 역사 속에서 정의로운 판결과 함께 고려될 때 그 의미가 완전해진다고 할 수 있습니다. 따라서 하나님의 심판은 불가피한 선결조건일 수 있습니다. 하지만 우리는 하나님의 심판이 반드시 인간의 판단 기준을 반영해야 한다고 생각할 필요는 없습니다. 하나님의 심판이 인간 사회에서 보복의 형태로 드러날 수 있다는 사실을 인정하면서도 예수님은 다른 방식으로 정의를 실현했습니다. 예수님은 하나님의 심판이 보복적이라는 사실을 그대로 계승하지 않고, 회복과 소망의 근거로 이어갔습니다.

진정한 샬롬의 구현: 회복적 정의

정의의 실현과 용서 그리고 궁극적인 화해에 대한 신학적 담론은 상당히 어렵고 복잡합니다. 결국 세례 요한은 감옥에서 나오지 못하고 죽임을 당했으며 그의 원한도 해결되지 못했습니다. 예수님께서 "누구든지 나로 말미암아 실족하지 아니하는 자는 복이 있도다"라고 하신 말씀은 이런 맥락에서 이해할 수 있습니다(마 11:6). 여기서 "누구든지"는 바로 세례 요한을 가리키겠죠. 요한은 아마도 예수님이 바로 "오실 그이"라면 구약에서 말한 것처럼 하나님의 심판을 가져올 분, 보복하는 하나님이라고 생각했을지 모릅니다. 자신을 옥에서 풀어주고 옥에 가둔 이들에게 보복해서 원한을 풀어주길 기대했는지 모릅니다. 하지만 안타깝게도 그런 일은 일어나지 않았습니다. 예수님은 그럴 생각이 없었습니다. 물론 요한은 완전한 하나님나라의 도래를 꿈꿨고 하나님의 완전한 정의가 실현되는 심판을 소망했을 겁니다. 다만 그 나라가 자신의 때에 갑자기 임할 것이라 기대했기 때문에 그 생각에 걸려 넘어질 뻔 한 것입니다. 요한은 너무 많은 것을 너무 빨리 기대한 것인지도 모릅니다.

예수님은 하나님의 심판이 지향하고 있는 지점을 바라보고 있었기에 새로운 정의를 상상했습니다. 하나님나라의 궁극적인 도래는 이 땅에서 인간이 본래 누려야 할 삶의 온전함, 즉 축복과 평화와 번영이 온전히 구현되는 것입니다. 물론 여기에는 억울한 사람의 한도 풀어주고 참된 자유와 해방까지 포함됩니다. 하나님의 심판과 인간의 번영이 하나로 결합되는 진정한 샬롬이 구현되는 나라입니다. 그렇다면 하나님의 심판과 정의의 끝은 어떤 모습일까요? 하나님의 심판이 나쁜 사람들을 꺼지지 않는 지옥불에 집어넣어 영원히 저주를 받게 하는 걸로 끝나야만 할까요? 그래야만 부당하게 옥에 갇혔던 사람의 한이 풀어지고 억울한 사람들의 마음이 해방을 얻을까요?

우리는 그동안 반드시 선은 보상을 받고 악은 처벌을 받아야 한다는 응보적 정의론만을 유일한 정의로 생각해 왔습니다. 어릴 때부터 그것이 정의라고 배워왔기 때문입니다. 영웅들이 싸움 현장에 나타난 악당들을 시원하게 무찌르고 감옥으로 보내는 모습을 보면서 자랐기 때문이죠. 우리는 승자와 패자를 나누고 상벌을 정확하게 따져 묻는 것이 너무나 익숙한 문화 속에서 자랐습니다. 어떤 피해에 대해 반응할 때 자동으로 보복을 해야만 정의가 실현된다고 생각하는 것입니다. 하지만 이런 이분법적 대립구도 속에서 실제로 가해자와 피해자의 필요와 요구는 무엇이었는지 귀를 기울여 본 적이 있나요?

오늘날 회복적 정의(Restorative Justice)를 주장하는 이들은 응보적 정의만으로는 우리 사회의 갈등이 근본적으로 해결될 수 없다고 말합니다. 응보적 정의는 처벌을 통해 범죄 행위를 저지하고 규제를 가해 고통을 부과하는 방식입니다. 이들이 실제로 원했던 것이 무엇인지, 왜 그런 범죄를 저질

렀는지, 그에게 필요했던 것은 무엇이었는지 묻지 않습니다. 응보적 정의는 가해자의 과거 행동에 초점을 맞춰서 처벌하기 때문에 피해자와의 관계 회복을 기대할 수 없습니다. 뉘우침과 용서를 장려할 수도 없기에 회복은 점점 더 어려워집니다. 반면 가해자가 정당한 처벌을 받는다 하더라도 피해자의 마음은 온전히 회복되지 않습니다. 피해자의 손해는 단순히 가해자의 형벌만으로 해소되지 않습니다. 피해자가 진정으로 원하는 것은 가해자의 진심어린 사과와 배상입니다. 단순한 보복을 원하는 것이 아닐 수 있다는 말입니다. 회복적 정의에서 말하는 이상적인 상황은 아래와 같은 시나리오입니다.

이상적인 시나리오에서는 가해자가 피해자의 이야기를 듣고 동정심을 느낄 것이다. 그들은 자신의 행동이 이러한 고통을 촉발시켰다는 것을 인식할 것이고 일어난 일에 관해 후회와 수치심을 느낄 것이다. 가해자는 그 수치심을 받아들이고 인정할 수 있으며, 일종의 배상을 제공하는 쪽으로 나아갈 수 있다. 그렇게 함으로써 가해자는 피해자에게 힘을 돌려주는 것이고, 피해자는 사과나 배상을 받아들일지 결정할 수 있다. 피해자는 자신에게 권한이 부여되고 자신의 존엄성이 회복되었다고 느끼며 복수의 감정이 사라지는 것을 느낄 수 있다.[54]

물론 이런 이상적인 시나리오는 꿈같은 이야기라고 생각할 수 있습니다. 그럼에도 최근에는 많은 이들이 회복적 정의의 실천을 위해 다양한 노력을 기울이고 있습니다. 법원과 지역 공동체가 함께 피해자 회복 프로그램을 운영하기도 하고, 지역 사회에서 피해자를 위한 다양한 교육 프로그램을 운영하기도 합니다. 이미 변화는 시작되고 있습니다.

하나님의 정의와 심판은 예수님의 치유와 회복으로 완성됩니다. 예수님은 어느 누구 하나 억울한 사람이 없는, 모두의 설움이 해소되는 하나님나라를 선포하셨습니다. 하나님의 심판이라는 구약의 정의를 무시하지 않은 채 그 의미가 완전해지도록 가해자와 피해자를 모두 회복하는 방식으로 샬롬을 선포하셨습니다. 비록 그 나라를 소망하며 살아가는 지금 우리의 현실은 여전히 상처와 아픔으로 얼룩져 있습니다. 하지만 조금씩 그 희망의 싹을 가꾸어 나가다 보면 조금씩 그 절망을 극복해 갈 수 있을 것입니다. 반대로 너무 쉽게 인간의 노력으로 샬롬을 앞당길 필요도 없습니다. 인간의 설익은 용서와 화해는 오히려 피해자에게 더 큰 상처만을 남겨줄 수 있기 때문입니다. 오래 참고 기다리시는 하나님의 성품을 본받아 천천히 시간을 두고 회복과 화해를 이루어야 합니다.

1. 세례 요한은 어떤 메시아를 기다리고 있었을까요? 그가 꿈꿨던 하나님나라, 그가 기다리던 메시아의 모습을 이야기해 봅시다.

2. 예수님이 이 땅에서 하셨던 일들을 생각나는 대로 이야기해 봅시다. 누구를 만나셨고, 무슨 일을 했는지 이야기해 봅시다.

3. 용서가 어려운 이유는 무엇일까요? 용서는 어떤 과정(단계)을 거쳐서 진행돼야 할까요?

4. 피해자가 진심으로 원하는 배상과 보상은 무엇일끼요? 가해자에게 단순히 형벌을 부과하는 것이 아니라 그의 생각과 행동을 변화시키려면 어떻게 해야 할까요?

9장

제자와 시민 사이에서 살아가기

(빌 1:27-30)

학자들은 성경에 한번만 쓰인 단어를 **하팍스 레고메논**(hapax legomenon)이라고 부릅니다. 한번 밖에 쓰이지 않았으니 그만큼 그 의미와 뜻을 정확하게 파악하기 어렵습니다. 빌립보서 3:20에 나오는 명사 **폴리튜마**(politeuma)는 1:27에 나오는 동사 **폴리튜오마이**(politeumai)와 함께 하팍스 레고메논에 해당하는 단어입니다. 개역개정 성경은 아래와 같이 번역했습니다.

오직 너희는 그리스도의 복음에 **합당하게 생활하라**(폴리튜오마이)(1:27)

그러나 우리의 **시민권**(폴리튜마)은 하늘에 있는지라(3:20)

폴리튜마를 어떻게 번역해야 할지, 그리고 그 의미는 정확하게 무엇인지에 대해선 학자들 사이에서도 논쟁이 많다고 합니다. 폴리튜마라는 단어가 신약성경에는 한번만 사용되었지만 다른 문헌에는 종종 등장하는데, 그 의미는 크게 다음 세 가지로 분류할 수 있습니다.[55]

1) 정치적 행동이나 시민들의 권리를 위한 모임이나 조직
2) 고국을 떠나 외국 도시에 거주하는 사람들의 회합
3) 자신들의 권익을 보장받거나 이권을 확보하기 위한 일환으로 제국 정부 또는 지방 정부의 허가를 받아 구성된 모임

어떤 의미가 되었든 분명한 것은 이 단어가 정치적인 조직이나 모임과 관련이 있다는 것을 알 수 있습니다. 빌립보서 1:27에서는 이런 의미가 잘 드러나지 않지만 3:20에서는 "시민권"이라고 번역함으로 좀 더 정치적인 의미를 드러냅니다. 이는 그리스도인의 소속을 분명히 밝히고 있기 때문이죠. 그리스도인이 정치적 멤버십(political membership)은 하늘나라에 소속되어 있습니다. 그렇다면 자신의 시민권이 하늘나라에 있다고 생각하는 그리스도인들은 이 땅에서 어떻게 살아야 할까요? 빌립보서는 바로 이 문제를 정면으로 다루고 있습니다. 그리고 그 중에서 1:27의 말씀이 빌립보서 전

체를 관통하는 핵심 주제라고 할 수 있습니다.

최근 신약성경을 로마 제국에 대한 정치적 저항으로 읽는 방식이 유행하고 있습니다. 특별히 복음서의 예수뿐 아니라 바울의 글을 통해 반제국주의적 메시지를 뽑아내기도 합니다. 그 내용이나 형식은 다르지만 이런 경향은 신약성경을 연구하는 학자들뿐 아니라 최근 정치철학자들 사이에서도 큰 인기를 얻고 있습니다. 빌립보서의 폴리튜마 역시 바울의 정치적 태도를 규명할 수 있는 개념으로 많은 주목을 받았습니다. 리처드 호슬리(R. A. Horsley) 같은 경우 폴리튜마를 **정부**로 해석하는데 그는 하나님의 정부가 하늘에 있기 때문에 지상의 로마 정부에 대항하고 있다고 해석합니다. 톰 라이트(N. T. Wright)는 조금 더 범위를 좁혀서 바울은 로마 제국에 직접 대항하기보다는 주로 종교적, 제의적 측면에서만 로마 황제에 저항했다고 주장합니다. 물론 이런 해석에 반대하는 학자들도 상당히 많습니다. 일단 바울서신에서 그가 로마 정부에 대해 직접적인 비판을 표명한 경우가 많지 않고, 오히려 바울은 로마 정부에 우호적이거나 최소한 거리두기 정도로 입장을 정리했다고 말하기도 합니다.[56]

한편 스탠리 하우어워스는 폴리튜오가 가진 의미에 기초해 자신의 신학을 구축합니다. 우리의 시민권은 하늘에 속해

있기 때문에 이 땅에서는 나그네와 같이 살아가야 한다고 말합니다. 그리스도인들은 이 세상에서 식민지 백성처럼 살아가고, 궁극적인 충성은 하늘에 두어야 하기 때문에 교회 자체가 하나의 정치 공동체(polis)가 되어야 한다고 말합니다.[57] 그렇다면 좀 더 본문을 자세히 살펴보면서 과연 폴리튜오마이를 어떻게 해석하는 것이 좋을지 생각해 보겠습니다.

그리스도의 복음과 공적 삶

빌립보서 1:27을 보면 바울은 빌립보 교회의 성도들에게 "복음에 합당하게 생활하라"고 권면합니다. 여기서 "생활하라"에 해당하는 그리스어는 폴리튜오마이인데 이 단어는 폴리스에서 파생된 동사로 "폴리스의 일원으로 살다", "정치에 참여하다" 등의 의미를 갖습니다.[58] 어떤 학자는 원어의 의미를 충분히 살려서 이 본문을 "천국 시민으로 복음에 합당하게 살라"로 번역하기도 하고, 또 어떤 학자는 "교회 안의 정치가 복음에 합당하게 꾸려져야 한다"라고 해석하기도 합니다.[59] 사실 "복음에 합당하게 생활하라"는 말이 구체적으로 무엇을 뜻하는지 파악하기는 쉽지 않습니다. 그리스도인은 천국 시민이기 때문에 이 땅에서는 말썽 피우지 말고 세상 질서에 잘 순응하면서 살라는 말인지, 아니면 반대로 교회라는 폴리스는 지상에서 로마와는 완전히 다른 삶의 질서

와 태도를 가지고 살아가야 한다는 말인지 헷갈립니다. 그
것도 아니면 교회에서는 하늘나라의 시민권자로 살면서 세
상에서는 또 다른 삶의 질서를 받아들이고 살라는 말인지,
또는 이 두 개의 삶의 질서를 하나로 통합해서 살라는 말인
지 잘 모르겠습니다. 어떤 방식이 되었든 바울이 말하는 하
늘의 시민권과 로마의 시민권을 부드럽게 연결해서 해석하기
는 어려울 것 같습니다.

바울이 굳이 폴리튜오마이라는 단어를 사용해서 그리스
도인의 삶의 태도를 설명한 데는 분명 이유가 있다고 생각
합니다. 비록 그리스도인의 시민권이 하늘나라에 있다고 하
더라도 이 땅에 발을 붙이고 살아가는 사람은 반드시 그에
합당한 방식으로, 즉 공적인 삶 속에서 그리스도의 증인으
로 살아갈 수밖에 없습니다. 초대교회 성도들이 단순히 교
회 안에서만 생활했던 것이 아니라면 그들의 내면적인 성품
과 삶의 방식은 광장과 시장에서 어떤 방식으로든 드러나
고 표현됐을 것입니다. 따라서 "합당하게 생활하라"는 말 속
에는 그리스도인의 삶의 태도가 공적이고 정치적일 수 있음
을 함의하고 있습니다. 그래서 스티븐 파울(Stephen Fowl)은
이 구절을 "당신의 공적인 삶이 그리스도의 복음에 합당한
방식이 되도록 정돈하시오"(Order your public life in a manner
worthy of the gospel of Christ)라고 번역합니다.[60] 적어도 이 말

씀은 그리스도인이 공적 영역에서 후퇴해 자기들만의 세계에 갇혀 지내라는 뜻이 아닙니다. 어떤 방식으로든 세상 속에서 세상 사람들과 뒤섞여 일종의 화학 작용을 일으키며 살라는 말입니다.

칼 바르트(Karl Barth)는 이미 1924년에 이 본문을 해석하면서 그리스도인의 정치적 태도에 대해 이야기합니다. 그는 이 말씀을 "너희 나라가 그리스도의 복음에 합당해야 한다"고 번역한 바 있습니다. 그리고 이어서 다음과 같은 설명을 덧붙입니다.

저 나라의 보이지 않는 훈련 아래 그들의 나라, 그들의 **형상**, 그들의 태도는 지금 여기라는 도상에서 이루어져야만 한다. 그 **나라**에 부합하는 방식으로 사는 삶은 그리스도 안에서 그들에게 주어진 은혜로운 메시지와 그런 왕국에 관한 메시지를 수용하는 삶이고, 그런 복음에 **합당하게** 그들의 삶이 반영되는 삶이다.[61]

하늘나라의 시민은 자신의 정체성에 합당하게 생활해야 합니다. 만약 하나님의 백성으로서의 정체성을 강하게 간직하고 살아간다면 당연히 세상에서 다른 삶의 태도, 다른 삶의 양식을 보여줄 수밖에 없습니다. 그것은 외부 세력과 갈등을 부추기거나 대립하려는 의도가 아닙니다. 자기만의 정체성을 형성하는 것은 부끄러운 것도 아니고 잘못된 것도 아닙니다. 또 그런 삶을 감출 필요도 없고 미안해할 필요도 없습니다. 왜냐하면 그리스도가 보여주신 삶의 태도와 방식은 세상 사람들에게도 얼마든지 유익하고 선한 것으로 인정을 받을 수 있기 때문입니다. 이어지는 말씀을 보면 그 사실을 알 수 있습니다. 빌립보서 1:28에는 빌립보 교회의 대적자들에 대한 내용이 나오는데, 바울은 그들을 두려워하지 말라고 말하면서 오히려 꿋꿋이 자신의 길을 걸어가라고 말합니다. 대적자들을 신경쓰지 말고 "복음의 신앙을 위하여 협력"하라고 말합니다. 그리스도인들은 자신의 정체성을 만들어가는 과정에서 대적자들의 공격에 신경 쓸 필요가 없습니다. 자신의 입장을 변호하고 대적하는 데 신경을 쏟다 보면 오히려 문화에 동화되어 그들의 전략에 휘말리게 됩니다.[62] 복음은 양 날의 검과 같아서 분명 세상 가운데 기쁜 소식으로 전달되지만, 동시에 과거의 삶을 청산하라고 강력하게 권고하기 때문에 누군가에게는 멸망의 증거가 되기도 합니다.

그리스도의 마음 배우기

바울은 이어서 무엇이 합당한 삶인지 자세히 설명합니다. 빌립보서 2:1에 나오는 접속사 "그러므로"는 이전에 나온 합당한 삶과 이후에 나오는 그리스도인의 삶의 자세를 연결해 줍니다. 2:1-4에 나오는 단어만 살펴봐도 그리스도인의 공적 삶이 세상 사람들을 어떻게 섬겨야 하는지 알 수 있습니다.

> 그러므로 그리스도 안에 무슨 권면이나 사랑의 무슨 위로나 성령의 무슨 교제나 긍휼이나 자비가 있거든 마음을 같이하여 같은 사랑을 가지고 뜻을 합하며 한마음을 품어 아무 일에든지 다툼이나 허영으로 하지 말고 오직 겸손한 마음으로 각각 자기보다 남을 낫게 여기고 각각 자기 일을 돌볼뿐더러 또한 각각 다른 사람들의 일을 돌보아 나의 기쁨을 충만하게 하라 (2:1-4)

여기서 바울이 언급한 그리스도의 성품을 주목하기 바랍니다. 그리스도인들은 그들이 원하든 원치 않든 자연스럽게 자신의 삶의 습관을 드러내게 되어 있습니다. 때문에 우리를 지켜보는 세상 사람들 앞에서 복음에 합당하게 생활해야 합니다. 이런 삶의 습관은 자신들을 괴롭히는 대적자들과 싸우면서 형성된 성격도 아니고 일부러 정치적인 전략을 고심하면서 형성된 권모술수도 아닙니다. 그리스도의 마음을 품고 그리스도의 성품을 닮고자 따라가며 자연스럽게 형성된 마음의 질서이고 습관화된 영성입니다. 그 성품의 내용이 사랑, 위로, 교제, 긍휼, 자비, 겸손한 마음, 기쁨입니다. 이런 성품은 그리스도로 말미암아 갖게 된 성도의 고유한 캐릭터이면서 동시에 공적인 삶 속에서 시민의 덕을 고양하는 데 기여할 수 있는 성품이기도 합니다. 즉, 그리스도인은 **하나님의 은혜 가운데 사는 것과 그리스도의 성품으로 서로를 섬기며 세상을 섬기는 삶**을 하나로 연결할 수 있는 사람들입니다.[63]

이어서 나오는 **그리스도의 찬가**(2:5-11) 역시 공동체가 예수의 마음을 공유함으로 그리스도의 성품을 본받아야 한다는 것을 말해 줍니다. 그리스도인들은 예수 그리스도가 이 땅에 오신 이유와 오셔서 이루신 사역을 동일하게 배워야 하고 그대로 따라해야 합니다. 그리스도인들이 생각하는 삶의 태도와 방식, 감정의 형성 등 모든 것을 예수에게 배워야 합니다. 자신을 비워 종의 형체를 가지신 분, 자기를 낮추시고 죽기까지 순종하신 분, 종으로 이 땅에 오신 예수에게 복음의 능력을 배우고 삶의 태도를 배우라는 말입니다. 이 땅에서 신실한 증인이 어떻게 살아가야 하는가를 예수에게서 배우라는 말입니다. 이처럼 예수 그리스도의 인격과 사역으로부터 그리스도인의 공적 삶에 대한 태도를 배울 수 있습니다.

증인의 삶과 선교적 교회론

오늘날 선교적 교회론은 기독론과 교회론을 결합하고 그것을 다시 선교로 꽃을 피우려는 신학적 노력입니다. 예수 그리스도의 존재와 사명을 이어받은 교회의 과업은 다름 아닌 그리스도의 신실한 증인으로 존재하는 것입니다. 대럴 구더 (Darrell L. Guder)는 칼 바르트의 교회론을 소개하면서 교회의 본질적인 사명은 바로 선교였다고 강조합니다.

> 선교의 신학적 사명은 교회가 그리스도의 증인이 되는 부르심에 걸맞게 말을 하고 행하는지에 대해 테스트함으로써 교회가 증인의 일을 잘 감당하도록 수행하고 후원하는 것이다. 이런 신학적 테스트 과정의 기준은 삼위일체 하나님의 자기계시이며, 이런 자기계시는 교회의 계속적인 삶과 사역을 위해서 역사 가운데 기록된 하나님의 말씀으로 보존된다. 이 하나님의 말씀이 하나님의 백성을 선교하는 백성으로 규정하는데, 그런 선교하는 백성의 사명은 증인이 되는 것이다.[64]

빌립보서에서 "그리스도의 복음에 합당하게 생활하라"는 바울의 권면은 우리로 하여금 세상 속에서 어떻게 살아야 하는지를 가르쳐줍니다. 그것은 바로 그리스도의 성품을 내면화해서 세상 속에서 그리스도의 신실한 증인으로 살아가는 것입니다. 선교적 교회는 자신이 속한 지역과 상황에 자연스럽게 스며들어 고유한 맛과 향을 드러내야 합니다. 보냄을 받은 선교 공동체는 섬김으로 그 맛과 향을 지역 공동체에 드러냅니다. 그리스도인은 세상 속에서 자신의 존재 방식을 드러내기 때문에 자연스럽게 정치적인 효과를 일으키는 사람들입니다. 일부러 세상과 불화하기 위해 싸우는 것이 아니라 존재의 변화로 인해 세상과 다른 대안을 보여주는 겁니다. 만약 이렇게 내면으로부터 달라진 삶의 양식을 근거로 정치에 참여하지 않는다면 그야말로 우스운 꼴이 되고 말 것입니다. 진정성이 결여된 말과 행동으로 드러나기 때문입니다. 그리스도의 겸손과 자기 비하의 모범을 그대로 몸으로 학습한 이들이 갈등과 분쟁의 상황에 직면했을 때, 그들은 자연스럽게 정치적 영향력을 발휘할 수 있습니다. 평소 서로 생각이 다르고 출신과 입장이 다른 이들이 하나 되어 성찬을 나누고 용서하는 훈련을 했다면, 그들이야말로 사회 속에서도 화합과 용서를 이야기할 수 있지 않을까요?

바울은 로마 제국을 직접적으로 비판하거나 공격하지 않습니다. 또한 그의 서신 역시 로마 제국에 저항하려는 목적으로 기록되지 않았습니다. 물론 1세기 그리스도인들에게 로마 제국은 세상을 통치하는 막강한 권력이었고, 그로 인해 그들은 많은 고난을 당했습니다. 삶은 힘들고 어려웠을 겁니다. 그럼에도 바울은 세상 정치에 크게 관심을 두지 않았습니다. 교회가 추구하고 따라가야 할 삶의 모범이 분명하고 그들의 소속 역시 분명했기 때문입니다. 그래서 그들은 박해와 고난을 두려워하지 않았습니다. 하지만 이런 이들의 용기 있는 행동은 또 다른 의미에서 정치적인 행동이었습니다. 정치를 위한 정치적 행동이 아니라 복음을 살아내다 보니 자연스럽게 정치적인 영향력을 발휘하게 된 것입니다. 그리스도의 성품이 몸에 각인되어 있었기에 사회 속에서 사람들과 관계를 맺는 방식, 삶의 태도, 갈등을 해결하는 방식이 남달랐던 것입니다. 어쩌면 이들은 가장 반정치적인 방식으로 정치를 했던 건지도 모릅니다.

: 토의 질문 :

1. 그리스도인의 시민권이 하늘에 속했다고 한다면, 우리는 대한민국이라는 영토 국가에서 어떤 자세와 태도로 살아가야 할까요?

2. 빌립보서 2:1-4에 나오는 바울의 권면에 비추어 그리스도인의 공적 삶에 대해 이야기해 봅시다. 그리스도인은 사회생활을 하면서 어떤 성품을 가져야 할까요?

3. 오늘날 한국교회가 그리스도의 증인으로서 살아가려면 어떻게 해야 하는지 이야기해 봅시다. 어떻게 하면 한국교회가 사회적 신뢰도를 회복하고 그리스도의 마음을 품은 공동체로 거듭날 수 있을까요?

10장 °
소소하게 저항하기
(벧전 4:12-19)

최근에 많은 학자가 포스트크리스텐덤을 연구하면서 베드로전서를 주목하고 있습니다. 베드로전서에는 구약성경의 전통을 이어받으면서도 그들이 당면한 새로운 상황에 비추어 말씀을 이해하고 해석하는 창조적인 신학적 반성이 담겨 있습니다. 이방 문화 속에서 소수자요 나그네로 살아야 했던 초대교회 성도들은 그들이 마주한 특별한 상황과 환경을 기꺼이 받아들이면서 그리스도인의 정체성을 지켜나갔습니다. 기독교 역사에서 이런 삶의 방식과 태도는 많은 이들에게 영감을 주었습니다. 수도원 운동이라든가 아나뱁티스트 운동, 아우구스티누스와 본회퍼에게도 영향을 주었습니다.[65] 최근에는 미로슬라브 볼프, 제임스 헌터, 리 비치, 팀 체스터와 같은 학자들이 각자 자기만의 방식으로 베드로전서를 해석하면서 매우 시사적인 통찰들을 제공하고 있습니다. 특별히 이들이 주목한 단어는 베드로전서에서 그리스도의 정체성을 표현한 "거류민" 혹은 "나그네"라는 은유입니다.

예수 그리스도의 사도 베드로는 본도, 갈라디아, 갑바도기아, 아시아와 비두니아에 흩어진 **나그네**(벧전 1:1)

외모로 보시지 않고 각 사람의 행위대로 심판하시는 이를 너희가 아버지라 부른즉 너희가 **나그네**로 있을 때를 두려움으로 지내라(벧전 1:17)

사랑하는 자들아 **거류민**과 **나그네** 같은 너희를 권하노니 영혼을 거슬러 싸우는 육체의 정욕을 제어하라(벧전 2:11)

앞서 빌립보서에서 살펴본 것처럼 그리스도인은 자신의 정체성을 하늘나라에 두고 사는 천국 시민입니다. 그들은 하늘나라의 시민으로서 잠시 이 땅에 머물러 가는 나그네요 거류민입니다. 예수 그리스도 안에서 새로운 피조물이 되고 새로운 삶을 시작한 이들은 더 이상 로마 제국이 제시하는 삶의 질서가 아니라 그리스도의 방식으로 살아갑니다. 계속해서 강조하지만 이런 삶의 방식이 세상과 전적으로 다른 삶의 방식을 요구하는 것은 아닙니다. 에스더나 다니엘처럼 그리스도인의 삶은 제국의 삶과 분리되지 않습니다. 오히려 베드로전서의 기자는 하나님의 뜻에 따라 그리스도의 길을 걸어가면 세상적으로도 **성공**할 수 있다고 이야기하는 것 같습니다. 그리스도인의 정체성을 확고히 하면서도 얼마든지 세상에서 자신이 원하는 바를 이룰 수 있다고 말합니다. 베드로전서의 몇몇 구절을 해석하면서 어떻게 그리스도인이 구별된 정체성을 유지하고 동시에 세상에 참여할 수 있는지, 그리고 그 속에서 어떻게 의미 있는 변화를 이끌어낼 수 있는지 살펴보겠습니다.

차별성을 유지하는 방법

베드로전서는 그리스도인의 정체성이 예수 그리스도와의 연합을 통해서 형성되고 그의 고난과 부활에 참여함으로 새롭게 된다고 말합니다.

> 우리 주 예수 그리스도의 아버지 하나님을 찬송하리로다 그의 많으신 긍휼대로 예수 그리스도를 죽은 자 가운데서 부활하게 하심으로 말미암아 우리를 거듭나게 하사 산 소망이 있게 하시며(벧전 1:3)

그리스도로부터 산 소망을 얻게 된 이들은 이제 새로

운 삶을 시작할 수 있고, 이전과 다른 삶을 살아야 합니다. 그런데 그 다름은 어떻게 만들어질까요? 미로슬라브 볼프(Miroslav Volf)는 정체성을 형성하는 두 가지 방식을 설명합니다. 하나는 **타인의 믿음과 행습을 배척하는 부정적인 과정**을 통해서고, 다른 하나는 **무언가 독특한 것에 충성을 다하는 긍정적인 과정**입니다. 베드로전서에서는 후자의 방법을 통해 정체성을 형성한다고 말합니다. 신기하게도 베드로전서에는 세상 사람들처럼 행하지 말라는 부정적인 언급이 없습니다. 오히려 그리스도인의 차별성은 거룩한 하나님을 본받으라(1:15-16)는 말과 고난받는 그리스도(2:21)를 따르라는 긍정적인 방식으로 주어집니다.[66] 앞서 빌립보서에서 바울이 대적자들을 상대하지 말고 복음을 위해 서로 협력하는 일에 힘을 쓰라는 맥락과 유사합니다. 그리스도인의 정체성은 적을 대적하는 방식으로 혹은 다르게 살려는 집착에서 벗어날 때 더 건강하게 형성된다는 말이기도 합니다. 하나님의 성품과 그리스도의 길을 따르라는 목적을 신실하게 삶으로 살아 내는 것이 바로 **다름**을 만드는 방법입니다.

베드로전서는 **하나님의 공동체**와 **사탄의 세계**를 확연한 반대 관계로 설정하지 않는다. 이에 상응하여 저자는 공격적인 비그리스도인 이웃들에게 위협을 가하는 데는 별로 관심이 없고, 그리스도인이 하나님 앞에서 갖는 특별한 지위를 기뻐하는데 관심이 있다(2:9-10). 비그리스도인에 대한 정죄가 아니라 그리스도인의 소망이 이 편에서 중심을 차지하고 있다(1:3, 3:15).[67]

어떤 이들은 신학을 **르상티망**(ressentiment, 원한 감정) 때문에 시작하기도 합니다. 신학의 출발점과 교회의 목적이 세상을 향한 하나님의 사랑과 관심에서 비롯된 것이 아니라 마치 **어떻게 하면 세상과 다른 이질성을 드러내는 공동체를 세울 것인가?**에 매몰되어 있을 때가 있습니다. 세상, 세속성, 근대성의 가치를 전면 부정하면서 새로운 대안과 가치를 만들려고 안간힘을 쓰는 것은 어쩌면 **자기**를 고집하고 **우리**를 내세우는 가운데 은연중 그 자기와 우리를 왜곡하고 모욕하고 능멸했던 바로 그 논리에 매몰되기도 합니다. 계속해서 세상과 다른 대안 공동체를 세우고 순수한 교회 공동체를 만들고자 하는 욕망 속에는 원한 감정이 자리 잡고 있는지도 모릅니다.

우리는 타자의 자율성을 존중하고 인정할 때 비로소 자신의 주체성도 건강한 방식으로 확인 받을 수 있습니다. 우리의 정체성이 타자를 증오하면서 형성된다면 그보다 더 불행한 삶은 없을 것입니다. 교회가 인간 사회의 한 부분이라면, 세상과의 건강한 소통과 대화를 통해서 비판적으로 자신의 정체성을 형성해야 합니다. **교회의 세속성과 세상의 거룩성**을 동시에 볼 줄 아는 시각을 가지고 있을 때 우리는 오히려 건강한 공동체를 만들 수 있습니다. 세상이 싫고 세상처럼 되는 것이 싫어서 하나님나라의 이념을 온전히 담아내는 교회 공동체를 만들겠다는 이상으로는 결코 평화의 공동체를 만들수 없습니다. 교회의 정체성이 세상에 대한 원한 감정에서 발원된 것이라면 우리는 평화의 공동체가 아닌 또 다른 증오의 공동체가 될 수 있습니다.

베드로전서의 공동체는 하나님나라의 가치관에 따라 그저 신실하게 자신의 길을 걸어가는 공동체였습니다. 다른 사람들에게도 그와 같은 삶을 살도록 권면하되 절대 강요하거나 무례하지 않았습니다. 당연히 자신들이 당하고 싶지 않은 것을 남에게 요구하지 않았습니다. 그들은 은밀하게, 하지만 자신 있게, 자신들의 방식으로 온유하고 겸손하게 그리스도의 복음을 전달할 줄 알았습니다. 변화는 그 작은 차별성에서 시작된다는 것을 알았습니다.

세상을 위한 거룩

베드로는 그리스도인들이 하나님의 거룩하심을 본받아 "모든 행실"에 거룩하라고 말합니다. 보통 교회에서 거룩한 삶을 살라고 하면 세상과 구별되고 세상과 다른 삶을 살라고 말합니다. 그런데 베드로전서에서 말하는 삶의 태도는 그와 전혀 다릅니다. 오히려 교회가 자신이 처한 문화에 동화되어 살아가라고 말하는 것 같습니다.

1) 모든 인간적인 권위에 대한 순종 (2:13)
2) 주인에 대한 종들의 순종 (3:1)
3) 남편의 아내 존중 (3:7)
4) 악을 악으로 되갚지 않고 오히려 축복으로 되갚음 (3:9)
5) 서로를 대접하는 것 (4:9)

위에서 언급한 내용을 살펴보면 **베드로전서의 비전은 거룩함이 이 세상의 현실에서 실천되어야 한다**는 것임을 알 수 있습니다.[68] 베드로전서가 말하는 신자(교회)는 자신의 거룩함으로 세상과 맞서지 않습니다. 세상을 비난하거나 도덕적으로 우위에 있는 것처럼 거드름을 피우지 않습니다. 그리스도인의 거룩한 삶은 세상 한복판에서 실천되어야 하고, 세상 사람들과의 관계 속에서 형성되어야 합니다. 그래서 베드로전서 2:9에서는 교회가 세상에서 제사장 같은 역할을 해야 한다고 말합니다.

그러나 너희는 택하신 족속이요 왕 같은 제사장들이요 거룩한 나라요 그의 소유가 된 백성이니 이는 너희를 어두운 데서 불러 내어 그의 기이한 빛에 들어가게 하신 이의 **아름다운 덕을 선포**하게 하려 하심이라

제사장은 사람들을 하나님께로 인도하는 중재자 역할을 하는 사람입니다. 그리스도가 우리의 제사장이 되어 하나님께로 인도했듯 이제는 우리가 세상 사람들을 하나님께로 인도하는 제사장이 되어야 합니다. 그런데 여기서 주목할 점은 어떻게, 무슨 방법으로 인도하느냐 하는 것입니다. 2:12에 그 내용이 나옵니다.

너희가 이방인 중에서 **행실을 선하게** 가져 너희를 악행한다고 비방하는 자들로 하여금 **너희 선한 일을 보고** 오시는 날에 하나님께 영광을 돌리게 하려 함이라

베드로전서는 그리스도인들이 사회를 변화시키기 위해 뭔가 대단한 일을 해야 한다고 말하지 않습니다. 사회 변혁 프로젝트나 전략을 가지고 있어야 한다고 말하지도 않습니다. 교회가 세상 문화를 이끌거나 그리스도인이 영향력 있는 자리에서 리더십을 발휘해야 한다고 말하지도 않습니다. 그저 하나님의 "아름다운 덕을 선포"하는 증인으로 자신의 역할을 충실히 감당하면 됩니다. 우리의 "행실을 선하게" 해

서 사람들이 우리의 "선한 일을 보고" 하나님께 영광을 돌리게 하면 족합니다. 세상과의 문화 전쟁에서 승리하라는 권면이 아니라 선한 행실로 주변 사람들을 감화시키라는 권면입니다.

온유함의 정치학

베드로전서의 메시지는 오늘날 급진적 제자도라고 불리는 복음주의 운동에도 큰 영향을 미쳤습니다. 하우어워스는 『하나님의 나그네 된 백성』에서 보수주의 기독교나 자유주의 기독교 모두 "이 세상을 더욱 살기 좋은 곳으로 만들기 위해 우리의 민주적인 권력을 책임 있게 사용해야 한다고 생각하는 점에서는 의견이 일치한다"고 말합니다.[69] 즉, 둘 다 콘스탄틴주의의 한 형태일 뿐이라고 지적합니다. 이 땅에서 나그네로 살아가는 그리스도인은 자신이 속한 사회나 국가를 정의롭게 하기 위해 부름을 받은 것이 아니라고 합니다. 오히려 사회정의에 관심을 쏟으면 쏟을수록 현대 사회가 만든 프레임에 갇히게 된다는 것이죠. 오히려 반대로 그리스도인은 세상의 변혁이 아니라 세상의 대안 세력으로 살아가는 사람들의 공동체, 즉 교회를 이루어가는데 관심을 기울여야 한다고 말합니다.

하우어워스와 비슷하면서도 조금 다르게 짐 윌리스는 자신의 보수적인 신앙 전통(플리머스 형제단)을 기반으로 본회퍼나 쟈크 엘륄과 같은 신학자들의 영성, 그리고 마틴 루터 킹 목사의 사회운동에 깊은 영향을 받아 급진적 제자도 운동을 활발하게 전개합니다. 그는 1970년대 이후 냉전 시기 미국에서 시민운동과 인권운동을 활발하게 전개하면서 젊은 복음주의자들에게 신선한 충격과 도전을 제공했습니다. 그는 『소저너스』라는 잡지를 만들어 국가와 정부를 향한 예언자적 목소리와 사회적 약자를 향한 구호 활동을 적극적으로 펼쳤고, 결국 버락 오바마의 당선까지 깊은 영향을 주기도 했습니다. 하우어워스나 윌리스는 각자 자신의 신학에 따라 나그네라는 은유를 활용했습니다. 하우어워스는 이 땅의 가치와 문화를 부정하면서 대안적 교회를 만드는 것으로 그리스도인의 실천을 제한했습니다. 반면 윌리스는 그리스도인의 정체성을 세상과 강하게 대조하면서 적극적으로 사회 속으로 들어가 공의와 정의를 외치는 활동을 펼쳤습니다. 실천의 방향이 달랐지만 이들이 취하고 있는 기본적인 태도와 자세는 상당히 급진적이었습니다. 하지만 앞서 살펴보았듯이 베드로전서에서 말하고 있는 그리스도인의 삶의 자세는 이와 좀 달라 보입니다.

사회 속에서 소수자로 살아갈 수밖에 없었던 초대교회

그리스도인은 세상에 적극적으로 저항할 수도 없었을 뿐더러 그렇다고 교회 안에만 갇혀서 그들만의 공동체 문화를 폐쇄적으로 만들지도 않았습니다. 그리스도와 문화의 구도를 지나치게 대립적으로만 보지 않았다는 말입니다. 베드로전서에서 말하는 삶의 태도는 한마디로 **온건한 차별성**(soft difference)라고 할 수 있습니다.[70] 우리는 흔히 정체성이 강한 사람은 부드럽거나 온유하지 않다고 생각하는 경향이 있습니다. 하지만 현실은 그와 반대입니다. 오히려 정체성이 약한 사람은 두려움이 많은 사람이고 그래서 더 딱딱하게 자신의 외연을 포장합니다. 이런 사람은 자신의 정체성이 흔들리거나 훼손되는 것이 두려운 나머지 상대방을 겁박하거나 위협합니다. 반면 자신감이 넘치는 사람은 외부의 공격을 두려워하지 않고 오히려 여유롭게 받아줍니다.

> 그러나 의를 위하여 고난을 받으면 복 있는 자니 그들이 두려워하는 것을 두려워하지 말며 근심하지 말고 너희 마음에 그리스도를 주로 삼아 거룩하게 하고 너희 속에 있는 소망에 관한 이유를 묻는 자에게는 대답할 것을 항상 준비하되 온유와 두려움으로 하고(벧전 3:14-15)

하나님 안에서 자신의 정체성을 발견하고 안정감을 찾은 사람은 외부의 시선과 평가를 두려워하지 않습니다. 자신감을 가지고 자신의 정체성을 긍정적으로 만들 수 있습니다. 적대자를 비난하거나 이기려고 애쓰지도 않습니다. 오히려 넉넉하게 품어주고 용납할 줄 압니다. 관용을 베풀 줄 아는 사람입니다. 온유하게 진리를 선포하며 그리스도의 증인이 되는 것은 그저 선택사항에 불과한 행동양식이 아닙니다. 이것은 그리스도의 성품을 내면화한 사람의 본질적인 정체성이자 삶의 태도입니다. 그리스도인의 차별화된 정체성은 온유함으로 드러납니다.

베드로전서는 기본적으로 그리스도인과 세상을 명확하게 구분해서 서로 다른 영역이라고 전제하지 않습니다. 만약 그랬다면 비그리스도인과 결혼한 여인들은 공동체의 구성원이 될 수 없었을 것입니다. 그는 그리스도인이 다른 이들과 어울려 살며 결혼도 하고, 사회생활을 하면서 사는 것을 이상하게 생각하지 않았습니다. 때로는 믿지 않는 자들이 그들을 괴롭히거나 힘들게 할 수도 있지만 그렇다고 해서 그들을 악마화하거나 적대시하지 않았습니다. 베드로전서의 저자는 그리스도인이 선을 행하면 분명 세상 사람들도 그들의 행동을 인정할 것이라고 예측했습니다.[7] 이 말은 그리스도인의 윤리가 세상에서 선하다고 말하는 윤리적 기준과 하등 다를 것이 없다는 말이기도 합니다. 절제와 충성과 신실함의 미덕은 비단 기독교만의 윤리는 아닙니다. 비록 그 동기와 목적은 다르다 할지라도 세상을 살아가는 방식과 태도에 있어서는 어느 정도 서로 공유하는 윤리가 있습니다. 우리는 이런 공통의 윤리를 공동선이라고 부를 수 있습니다. 세속 사회에서 사람들과 얼마든지 함께 어울려 살 수 있고, 또 살아야 합니다. 그들과 함께 공동체를 만들고 선한 사업에 힘쓰고 도시의 복지를 위해 힘써야 합니다. 그럼에도 우리는 그들과 다릅니다. 우리 안에 있는 소망과 온유함이 세상을 바꿀 수 있는 에너지와 힘으로 작용합니다. 그 힘이 때로는 세상을 품을 수 있는 넉넉한 마음으로 표현되기도 하고 때로는 불의를 바꾸고 새로운 삶을 시작할 수 있는 저항의 원동력이 되기도 합니다.

소수자를 위한 권리 보호

베드로전서는 그리스도인이 겪는 고난에 대해 자주 언급합니다. 자신이 속한 사회에서 소수자이자 나그네로 살아가기 때문에 겪는 어려움은 충분히 예상할 수 있습니다. 오늘날에도 그리스도인의 실존은 크게 다르지 않습니다. 물론 과거와 달리 그리스도인이라서 겪게 되는 사회적 차별과 무시가 그리 많지 않습니다. 이는 다원적 민주주의 사회가 주는 큰 혜택입니다. 누구든지 자신의 생각과 행동을 맘껏 표현할 수 있습니다. 그리고 그것 때문에 차별받지도 않습니다.

어떤 이는 그리스도인이 사회생활을 하면서 전혀 고난을 받지 않는 것은 오히려 제대로 신앙생활을 하지 않았기 때문이라고 말합니다. 세상에서 전혀 위협을 느끼지 않고 고난을 겪지 않는 것은 역설적으로 신앙생활을 느슨하게 했다는 증거라는 거죠. 맞는 말이기도 합니다. 어려움을 겪는 이들에게 단순히 구호 물품을 전달하고 위로의 말을 전하면 칭찬을 듣습니다. 하지만 그리스도인이 사회의 불의를 정확하게 지적하고 그것을 바꾸기 위해 애를 쓴다면 사람들이 가만히 있을 리 없습니다. 공공신학은 어쩌면 사회구조를 바꾸고 정치질서를 변혁하는 방법에 대해 좀 더 세심하게 고민하자는 이야기일 수 있습니다. 단순히 세상을 개혁하자고 목소리만 높이는 것이 아니라 그것을 어떻게 실현하고 누구와 함께할지에 대해 고민하자는 것입니다.

하지만 그리스도인이 당하는 고난을 반대로 생각해 볼 수 있습니다. 앞에서 예레미야 본문을 해석할 때, 우리는 이 사회에서 난민이 아니기 때문에 본문을 뒤집어서 적용해 보자고 제안했습니다. 베드로전서 역시 뒤집어서 적용해 봅시다. 모든 종교가 동등하게 인정을 받고 있는 다원주의 사회에서 그리스도의 이름 때문에 고난을 당하는 일이 없다고 한다면, 반대로 우리 가운데 있는 자들 중 자신의 신념과 가치 때문에 고난을 받는 이들은 없을까요? 오히려 우리가 사회적 약자나 소수자를 무시하고 배제하지는 않았나요? 만약 그런 이들이 있다면 우리는 베드로전서에서 나오는 그리스도인처럼 그들이 겪었던 고난을 저들도 동일하게 겪게 할건가요? 베드로전서는 마지막 날에 하나님께서 그리스도인들을 먼저 심판하신다고 말합니다(벧전 4:17). 세상을 향해 예언자적 메시지를 선포하기 전에 우리 스스로를 돌아봐야 합니다. 만약 자기와 생각이 다르다 할지라도 어떤 사회적 집단이 자신들의 목소리를 내지 못하고 자신들의 권리를 인정받지 못한다면, 우리는 그들 편에 서서 그들의 권리를 위해 함께 싸워줄 수 있을까요? **권리를 가질 권리**를 위해 함께 투쟁할 수 있을까요?

: 토의 질문 :

1. 베드로전서 2:12 말씀을 오늘날 우리의 상황에 비추어 해석해 봅시다. 직장이나 공동체에서 여러분의 선한 행실로 사람들이 감동을 받은 경우가 있는지 이야기해 봅시다.

2. 개인의 성격이나 성품이 정치라는 영역에서 어떤 효과를 발휘할까요? 개인의 도덕적 성품으로 과연 정치를 바꾸거나 변화시킬 수 있을까요?

3. 우리나라에서 아직 자신의 목소리를 갖지 못한 소수자는 누구일까요? 자신의 권리를 보장받기 위해 싸우는 이들은 누구인지, 그들의 목소리와 요구는 정당한 것인지 이야기해 봅시다.

11장 °
모두를 위한 공적 기도
(딤전 2:1-7)

마지막 본문은 기도에 대한 말씀으로 정했습니다. 예상했던 것보다 너무 약한 본문이 아닌가 생각할 수도 있겠습니다. 적극적인 사회참여를 지지하는 본문이나 공공성에 기여할 만한 내용을 선택하지 않아서 의아하신가요? 여기에는 나름 이유가 있습니다. 제가 교회의 사회참여나 공공신학에 대한 강의를 진행하면 항상 빠지지 않고 나오는 질문이 있습니다.

- 지금 말씀하신 교회의 사회참여 예시는 굳이 교회가 아니어도 이미 다른 기관이나 단체에서 하고 있는 일들 아닌가요? 오히려 교회보다 훨씬 더 전문적으로 잘 하고 있는 기관들이 있습니다. 그런데 교회가 왜 그 일을 해야 할까요?

• 교회가 사회참여에 앞장서고 그리스도인들이 책임 있는 시민으로 세상을 섬길 때 세상 사람들과 다른 그 무엇이 있어야 하지 않을까요? 그게 뭘까요? 기독교 고유의 도덕적 특징이나 특별한 행동이 있을까요?

이런 질문은 결국 기독교 복음의 독특성이 무엇인지 이야기해달라는 요청입니다. 정당한 질문이고 깊이 생각해봐야 할 내용입니다. 교회는 사회복지 기관이 아니고 구호 사업을 하는 비영리단체도 아닙니다. 교회가 구체적인 사회 현안에 관심을 기울이고 적극적으로 참여하는 것도 중요하지만, 그 일만을 하라고 이 땅에 세워진 기관은 아닙니다. 교회가 자신의 존재 이유와 사명을 망각하고 온통 세상 돌아가는 이야기로만 가득하다면 굳이 십자가를 걸고 교회로 존재할 이유는 없습니다. 위 질문처럼 선한 사업과 좋은 일은 교회보다 다른 단체들이 훨씬 더 전문적으로 잘 하고 있습니다.

그동안 우리는 교회에서 드리는 예배를 사회적이고 공적인 이슈와 별개로 생각했습니다. 교회에서 말씀으로 은혜를 받고 그 이후에 성도들이 세상에 나가 사람들을 섬기고 봉사 활동을 하는 것으로 이해했죠. 예배와 봉사를 연결하되 이 둘은 전혀 다른 영역이라고 생각했습니다. 우리가 매주

교회에서 드리는 예배 그 자체가 세상을 섬기는 일이라고 생각하지는 않았습니다. 사실 우리가 매주 반복적으로 드리는 예배 의식과 순서 중에서 딱히 사회적 관심을 담을 만한 요소가 있는 것도 아닙니다. 하지만 예배야말로 우리가 바라고 소망하고 욕망하는 바를 가장 잘 형성할 수 있는 중요한 매개입니다. 습관적으로 드리는 예배 속에서 우리는 은연 중 정체성을 형성하고 삶의 방향을 설정하기 때문입니다.[72] 마지막 본문으로 디모데전서 2:1-7을 살펴봄으로 기도의 공적 능력에 대해 이야기해 보려고 합니다. 예배 중 회중기도는 그리스도인이기 때문에 또 그리스도인만이 할 수 있는 고유하면서도 강력한 공적 행동입니다. 회중기도는 기독교의 전례 가운데 가장 오랜 역사를 가지고 있으면서도 강력한 힘을 가진 사회운동이라는 사실을 설명하겠습니다.

기도의 능력

디모데전서는 고난과 어려움의 시기를 통과하고 있는 교회 지도자들에게 보낸 바울의 편지입니다. 바울이 세운 교회에 적어도 두 가지 문제가 발생했습니다. 먼저 바울이 전한 복음과 다른 복음을 전하는 이들이 나타났습니다. 이들은 구약성경을 자기 마음대로 해석하고, 추측하고, 논쟁하는 것을 좋아했습니다. 어떤 이들은 그리스도인들이 먹어도 되는 음식과 먹지 말아야 할 음식으로 싸웠고, 또 어떤 이들은 결혼 제도에 대해 딴지를 걸기도 했습니다. 교회 안에서 이렇게 논쟁과 분열이 일어나면 그 불길은 걷잡을 수 없이 확산되고 퍼지기 마련입니다. 시간이 지나면 논쟁 자체가 목적이 되어 서로 편을 나눠 싸우기도 하고 얼굴을 붉히기도 합니다.

또 다른 문제로는 교회 내 계급 갈등을 들 수 있습니다. 교회 내에 몇몇 부유한 여인들이 있었는데, 이들이 값비싼 장신구를 머리에 착용하고 화려한 옷을 입고 교회에 왔습니다. 그들은 한껏 멋을 부리며 자신의 부를 과시했고, 이런 모습이 자연스럽게 교회 내에서 위화감을 일으키는 요인이 되었습니다. 디모데전서는 교회 지도자들이 이런 상황에 대처할 수 있도록 돕기 위해 쓰였습니다.

1장에서 바울은 복음의 핵심 내용을 알려줍니다. 그리고 2장에서는 구체적으로 무엇을 해야 하는지 알려줍니다. 그것은 바로 **기도**였습니다. 어찌보면 너무 싱거운 해결책이었는지 모릅니다. 분열과 분쟁이 있는 곳에 고작 기도를 대안으로 내놓다니 약간 무책임해 보이기도 합니다. 사실 논쟁하는 사람들은 일반적으로 기도할 기분이 아닙니다. 이런 상황에서 기도하자고 하면 요즘 흔히 말하는 **갑분싸**가 됩니다. 그런데 바울은 상당히 단호한 어조로 이야기합니다. 가장 먼저 해야 할 것은 기도라고 말이죠.

> 그러므로 내가 첫째로 권하노니 모든 사람을 위하여 간구와 기도와 도고와 감사를 하되(딤전 1:1)

바울이 첫째로 권한다고 할 때 이 말의 의미는 기도를 가장 먼저, 그리고 가장 중요하게 생각하라는 말입니다. 그리스도인이 이런 상황에서 해야 할 가장 중요한 일이라는 뜻이 기도 합니다. 물론 기도보다 중요한 일이 있을 수 있습니다. 예전에는 복음주의 진영에서 사회참여에 대한 논쟁이 일어나면 빠지지 않는 주제가 바로 **빵이 먼저냐 복음이 먼저냐?** 였습니다. 사실 말이 안 되는 논쟁이지만 그때는 진지했습니다. 굶어 죽는 사람이 있는데 어느 누가 그 앞에서 기도만 하고 있겠습니까? 당연히 음식을 제공하고 그 다음에 복음을 전하든 말든 해야겠죠. 교회에 가고 예배를 드리는 것보다 사람을 살리는 일에 먼저 우선순위를 두는 것은 정당하고 당연한 일의 순서입니다. 하지만 위급한 상황이 아니고서야 그리스도인들은 먼저 기도하는 것이 맞습니다. 성경은 일반적인 상황이라면 교회가 해야 할 최우선 순위는 기도여야 한다고 말합니다. 분명 바울도 기도보다 현실적인 해결책이 있다는 것을 모르지 않았습니다. 문제를 해결할 수 있는 구체적인 방안을 제안할 수도 있었을 것입니다. 하지만 바울은 먼저 기도라는 카드를 꺼냅니다. 논쟁을 하고 토론을 하기 전에 먼저 기도하자고 말합니다. 교회에서 옳고 그름을 판단할 수 있고, 잘못한 이들을 정당한 과정을 통해 재판할 수도 있겠지만 그 전에 먼저 같이 기도하자고 말합니다.

1994년 넬슨 만델라 대통령이 남아프리카공화국의 새로운 대통령으로 선임된 이후 흑인들의 분노를 잠재우는 데 중요한 공헌을 한 모임이 있습니다. 바로 데스몬드 투투(Desmond Tutu) 주교가 이끌었던 **진리와 화해 위원회**(Truth and Reconciliation Commission)입니다. 남아공의 백인 정부는 1948년부터 1994년까지 공식적으로 흑인 분리 정책을 정치적, 법적으로 정당화했습니다. 이를 아파르트헤이트(Apartheid) 정책이라고 합니다. 흑인들은 강제 이주되어 지정된 지역에서만 살 수 있었고, 공적인 모든 영역(교육, 취업, 사업, 행정)에서 불이익을 당하고 차별을 당했습니다. 넬슨 만델라가 남아공 최초의 흑인 대통령이 됐을 때, 흑인들의 분노가 어땠을지 상상이 가나요? 그동안 꾹꾹 눌러 놨던 울분으로 인해 엄청난 폭동과 보복이 예상됐습니다. 국가적으로도 초긴장 상태였습니다. 이때 진리와 화해 위원회를 이끌었던 투투 주교는 백인들을 얼마나 어디까지 처벌하느냐로 고민했습니다. 오랜 고민 끝에 투투 주교가 제안한 해결책은 바로 **자기 죄를 고백하고 완전히 털어놓는다면 가장 잔혹한 범죄자일지라도 처벌을 면죄한다**라는 조건이었습니다. 당연히 흑인들의 반대는 극심했고 많은 이들이 부당하다고 반발했습니다. 하지만 투투 주교는 위원회를 소집할 때마다 그들과 함께 기도로 모임을 시작했습니다.

> 우리의 모임을 이렇게 시작합시다. 우리 마음의 소리에 귀를 기울이고 서로의 마음을 배려합시다. 그러려면 우리의 감수성을 깨워야 하고 우리의 영혼이 타인을 향해 열려야 합니다. 위원회 첫날인 오늘 하루 동안 우리의 영혼을 열어 놓는 시간을 가지면 어떻겠습니까? 눈을 감고 묵상의 시간을 가집시다. 영적 지도자의 말씀을 들읍시다. 오늘 하루는 말을 멈추고 침묵합시다. 각자 신을 이해하는 방식이나 부르는 이름은 다르지만 그 초월적인 영의 흐름을 받아들이고 우리를 어디로 이끄시는지 마음으로 따라갑시다.[73]

진리와 화해 위원회는 종교 단체가 아닙니다. 기독교인들만으로 구성된 모임도 아니었습니다. 하지만 투투 주교의 간절한 기도가 분열된 사람들의 마음을 하나로 묶고 연결했습니다. 기도로 사람들의 분노를 잠재우고 상처난 마음을 위로해줬습니다. 기도가 현실을 바꿀 수 있냐고 물어본다면, 또 기도로 정치를 바꿀 수 있냐고 물어본다면 저는 진리와 화해 위원회의 사례를 제시하겠습니다. 공적 기도는 사람들의 마음을 움직일 수 있는 실질적인 효과와 힘이 있습니다.

누구를 위해, 무슨 기도를 할 것인가?

바울은 디모데전서 2:1에서 "모든 사람을 위하여" 기도하라고 합니다. 왜냐하면 하나님은 모든 사람이 진리를 알고 구원받기를 원하시기 때문입니다. 여기서 바울은 기도와 구원을 연결해서 이야기합니다. 2:1에서 기도에 대한 언급이 처음에 나오고, 이후에 4, 5, 6절에는 그리스도로 인한 구원이 중요한 주제로 나옵니다. 그런데 2절에서는 좀 더 구체적으로 기도의 대상을 언급합니다. 바로 "임금들과 높은 지위에 있는 모든 사람"을 위해 기도하라는 겁니다.

> 임금들과 높은 지위에 있는 모든 사람을 위하여 하라 이는 우리가 모든 경건과 단정함으로 고요하고 평안한 생활을 하려 함이라(딤전 2:2)

초대교회 그리스도인들은 통치자를 숭배하지 않았지만 그들을 위해 하나님께 기도했습니다. 통치자를 위해 하나님께 기도하는 것과 그들을 믿고 따르는 것은 분명 다릅니다. 문제는 통치자들이 그것만으로 만족하지 못하고 자신들에

게 충성하기를 원한다는 데 있었습니다. 하지만 그리스도인
들은 그런 유혹을 떨쳐내고 하나님의 아들 예수 그리스도만
을 믿고 따랐습니다. 사실 이런 행위 자체가 당시로서는 상
당히 위험하고 용기가 필요한 일이었습니다. 고대 그리스 로
마 사람들은 죽은 황제에게 기도를 드리고 살아있는 황제에
게도 기도를 드렸다고 합니다.[74] 그러니 이 말씀에는 사람들
에게 평안한 생활을 제공하는 실질적인 역할은 임금들과 높
은 지위에 있는 사람이 할지 모르나, 그 일을 가능하게 하시
는 분은 하늘의 하나님이라는 분명한 신앙고백이 담겨 있는
셈입니다.

디모데전서 2:2 말씀은 예레미야 29:7의 말씀처럼 도시
의 평안을 위해 그리고 통치자와 정부를 위해 기도하라고
말합니다. 그 이유도 비슷합니다. 세속 정부가 안정적으로
국정을 운영하고 삶의 안전을 보장해야만 그리스도인들이
편하게 신앙생활을 할 수 있기 때문입니다. 따라서 그리스도
인은 정부가 정의롭게 통치하고 사람들을 공정하게 대우하
도록 기도해야 합니다. 정부가 사람들의 권리를 보호하고 그
들의 안전과 생활을 존중할 수 있도록 기도해야 합니다. 또
한 불의한 법과 질서가 있으면 이를 개선하기 위해 노력하고
문제를 해결할 수 있도록 기도해야 합니다. 제도의 보호를
받지 못한 이들, 궁핍에 처한 이들을 돌보고 보살필 수 있도

록 기도해야 합니다. 그리스도인들은 정부가 이 모든 역할을 잘 수행할 수 있도록 기도해야 합니다.

말씀을 통해 미루어 짐작해 보면 바울이 생각하는 국가의 가장 중요한 역할은 시민들에게 자유와 안전을 제공하고 보호해 주는 것입니다. 사회의 소수자로 살아가고 있는 그리스도인들에게 가장 필요한 국가의 역할은 다른 것이 아닙니다. 그저 그들이 안전하게 생활할 수 있는 삶의 터전과 종교의 자유를 가질 수 있는 사회적 조건을 만들어 주는 것입니다. 그들이 안전하게 예배를 드릴 수 있고 더 나아가 그리스도의 증인으로서 생활해도 삶의 위협을 느끼지 않는 사회를 소망했던 것입니다. 국가는 이런 사람들을 보호하고 지켜주는 역할을 합니다. 즉, 그리스도인들은 이런 조건을 국가가 수행할 수 있도록 기도하는 겁니다.

이렇게 정부와 통치자를 위해 기도하라는 바울의 권면에는 **구원**과 **평화**라는 두 가지 신학적 주제가 깊이 녹아 있습니다. 하나님은 모든 사람이 구원받기를 원하시고 그들이 경건한 삶을 살기 원하십니다. 그러므로 사람들이 구원을 받고 그리스도인으로 살아갈 수 있는 정치, 사회적 여건을 갖추도록 기도하는 것은 옳은 일이고 정당합니다.

하나님은 모든 사람이 구원을 받으며 진리를 아는 데에 이르기
를 원하시느니라(딤전 2:4)

그리스도인은 모든 사람이 구원받을 수 있도록 기도해야
합니다. 정부와 통치자, 권력을 가진 모든 이들이 자신이 가
진 힘을 잘 활용하도록 기도해야 합니다. 안전하고 평화로운
사회를 건설하고 유지할 수 있도록 기도하는 것입니다. 결국
바울은 모든 이들의 **구원**을 위해서, 그리고 이 땅의 **평화**를
위해서 기도하라고 말합니다.

한 분 하나님, 한 분 중보자

바울은 모두를 위한 기도를 이야기하면서 5절에 한 분 하나
님과 중보자 예수 그리스도에 대한 신앙고백을 넣습니다. 왜
그랬을까요?

하나님은 한 분이시요 또 하나님과 사람 사이에 중보자도 한
분이시니 곧 사람이신 그리스도 예수라(딤전 2:5)

바울이 당시 로마 황제에게 직접적인 저항을 했는지 안
했는지에 대해서는 학자들 사이에서 논란이 많습니다. 교회
라는 대안 공동체를 통해 로마 정부에 대항하고자 했는지에

대해서도 갑론을박이 많습니다. 바울의 숨은 의도나 목적을 정확하게 알 수는 없으나 이러한 그의 고백이 어떤 정치적 효과를 가져왔는지는 추측해 볼 수 있습니다. 로마 황제가 신과 같은 지위를 가지고 있으며 사람들이 황제에게 기도를 드리는 상황 속에서, 그리스도인들이 하나님은 오직 한 분이고 하나님과 인간을 이어주는 중보자 역시 예수 그리스도 한 분이라고 말한 것은 암묵적인 저항의 메시지가 그 속에 담겨 있습니다. 말콤 길(Malcolm Gill)에 따르면 로마 공화국 시대에는 원로원 의원들이 인간과 신 사이를 중재했지만 제국 시대에는 황제가 중재자 역할을 맡았다고 합니다.

> 신에 대한 종교적 접근의 다양성에도 불구하고 원로원의 수위권이 황제의 지위로 교체되면서 오래된 형태의 종교적 중재를 재건하려는 경향이 시작되었다. 이전에 원로원이 신의 뜻을 분별하는 책임을 맡은 것처럼, 황제의 등장과 함께 황제만이 인간과 신 사이에 폰티펙스 막시무스(Pontifex Maximus, 최고 사제)라는 개념이 시작되었다.[75]

사회적으로 중요한 이슈나 문제가 발생할 때, 정치적으로 진실을 규명하고 불의를 지적하고자 할 때, 교단이나 교회에서는 성명서를 발표하곤 합니다. 때로는 그 경중에 따라서 신앙고백서를 새롭게 만들기도 합니다. 대표적으로는 나치에 저항한 고백교회 목회자들이 만든 바르멘 신학 선언(Barmen Declation)이 있고, 남아프리카공화국에서 아 파르트헤이트를 반대하면서 발표한 벨하 신앙고백서(Belha Confession)가 있습니다. 이런 선언문과 신앙고백서는 모두 정 치 권력에 저항하는 맥락에서 작성된 문서로서 그 특징과 색깔이 분명합니다. 특수한 상황과 맥락 속에서 작성된 문 서이기 때문입니다. 그럼에도 그 내용이 시대와 장소를 초월 해 보편성을 갖고 있는 이유는 정제된 언어 속에 강렬한 신 앙고백을 응축해서 담아냈기 때문입니다. 바르멘 선언은 유 일한 말씀은 예수 그리스도이며, 우리는 그분만을 신뢰하고 따라야 한다고 말합니다. 벨하 신앙고백서는 삼위일체 하나 님이 말씀과 성령을 통해 교회를 모으시고 지키시고 돌봐 주신다는 말로 시작합니다. 이런 신앙고백이 말하고자 하는 메시지는 분명합니다. 이 세상의 모든 주권과 권력을 상대 화하고 오직 하나님 한 분만을 믿고 따르겠다는 굳은 신앙 의 결단입니다. 또한 예수 그리스도만이 우리의 유일한 중보 자이며 우리가 복종해야 힐 주님이라는 사실입니다.

우리가 중보자 예수 그리스도의 이름으로 한 분 하나님 께 기도를 드리는 것은 궁극적으로 무엇을 믿고 의지하는지 를 상징적으로 보여주는 행동입니다. 필요에 따라서는 구체 적인 현실의 문제를 놓고 하나님께 기도를 드리고 신앙을 고백할 수도 있지만, 교회가 인고의 세월을 통해 빚어낸 기도문과 신앙고백을 통해 우리는 다시금 우리가 충성해야 할 대상을 확인해야 합니다. 세상의 권력자 앞에서도 온 세상의 통치자는 여호와 하나님이라는 사실을 선언하고, 그의 아들 예수 그리스도만이 우리의 유일한 구원자임을 선포하는 행위는 결코 개인적이고 사적인 행위가 아닙니다.

회중기도는 알게 모르게 우리들의 생각과 가치관을 형성하는 매우 중요한 매개입니다. 물론 지루한 장로님의 기도 시간에 깜빡 졸기도 하지만, 진심이 담긴 기도에 깊은 탄식으로 눈물을 흘리기도 합니다. 세상에 대한 분노로 마음이 답답할 때 우리는 회중기도를 통해 위로를 받고 힘을 얻습니다. 사회적 관계 속에서 상처를 입고 가해자를 알 수 없는 국가 폭력에 희생당했을 때, 그 심란하고 답답한 마음을 어떻게 표현할지 몰라 답답해할 때, 정제된 언어로 정성껏 하나님께 올려드리는 기도는 세상을 향한 외침이자 그 자체로 가장 강렬한 선포가 될 수 있습니다.

기도의 신학적 정치학

그동안 공공신학은 교회와 국가, 거룩한 것과 세상적인 것의 분리를 기본값으로 상정하고 이 둘의 관계를 어떻게 설명하는지로 문제를 설정했습니다. 그 결과 기독교와 정치를 주로 공간적인 배치 속에서 바라보고 여기에 참여하는 이들의 정당한 참여 방식을 고민해왔습니다. 하지만 제임스 스미스(James K. A. Smith)는 오히려 "정치적인 것은 공간이라기보다는 삶의 방식"이라고 말합니다.[76] 종교 활동뿐만 아니라 인간의 활동은 욕망의 방향, 그리고 그것이 형성하는 반복적이고 꾸준한 습관이 중요합니다. 교회는 그리스도인이 이런 습관을 형성하기에 가장 적절한 장소이며, 그런 의미에서 교회는 그 존재 자체로 정치적인 공동체가 될 수 있습니다. 사람들의 욕망의 방향을 설정하고 무엇을 지향하며 살아야 하는지를 형성해 주는 공동체이기 때문입니다.

만약 우리가 이런 방식으로 교회 공동체를 이해한다면, 그동안 공공신학에서 말하는 교회의 사회참여와는 다른 방식으로 정치신학을 이야기할 수 있습니다. 기독교 공공신학은 이제 기존의 방식으로 정치참여를 할 것이 아니라 예배를 통해 사람의 욕망을 새형성하고 기도를 통해 새로운 사회를 상상할 수 있습니다. 그리고 이런 습관은 하나님나라의 종말론적 비전을 지향하게 됩니다. 교회와 정치가 만나는 지점은 단순히 세속 사회에서 민주주의의 가치를 긍정하고 사람들과 합의를 통해 의견을 조율하는 곳에만 있지 않습니다. 예배와 기도를 통해 느리지만 꾸준하게 하나님께 우리의 마음을 맞추고, 그분의 시선으로 세상을 바라보고 해석하는 습관을 형성하는 곳에서 일어납니다. 즉, 교회에서부터 정치가 시작될 수 있습니다. 교회는 종말의 비전을 미리 성취해 이 세속 사회가 궁극적인 하나님나라와 연결되어 있음을 지속적으로 일깨우는 역할을 해야 합니다.

디모데전서 2:1-7을 해석하면서 어떤 이들은 단순히 국가와 정부에 대한 순종과 복종 그리고 지도자를 위한 중보 기도만을 강조하기도 하고, 또 어떤 이들은 반제국주의적인 방식으로 무리하게 해석하기도 합니다. 하지만 이 두 가지 해석을 지나치게 대립적으로 볼 필요는 없습니다. 이 세상을 선과 악의 이분법적인 안경을 끼고 볼 필요도 없고, 교회와 세상을 **우리**와 **그들**의 대결로 몰아갈 필요도 없습니다. 앞에서 계속 강조했듯이 그리스도인은 이 땅을 살아가는 동안 어쩔 수 없이 한 나라의 **시민**이자 그리스도의 **제자**로 살아갑니다. 국가폭력으로 인해 희생자들이 발생할 때 그리스도인은 적극적으로 국가에 저항하고 권력에 맞서 싸워야 합니다. 반면 일반적인 상황에서는 국가가 민주적인 절차와 인간의 번영을 증진할 수 있도록 돕고 협력해야 합니다.

이런 태도가 이중적인 것처럼 보이나요? 그럴 수도 있겠습니다. 그렇다면 어떻게 해야 이런 안목을 가질 수 있을까요? 다시 말해 어떻게 해야 우리는 저항의 때와 복종의 때를 분별할 수 있을까요? 두리뭉실한 대답일지 모르겠지만 저는 기도가 답이라 생각합니다. 기도하는 사람은 자신이 무엇을 해야 할지, 어떤 선택을 해야 하는지 자연스럽게 알 수 있습니다. 무슨 신비한 능력을 말하는 것이 아닙니다. 스탠리 하우어워스의 방식으로 설명하자면, 덕이 있는 사람은 마치 장인이 물건을 만들어 내는 기술을 연마하는 것처럼 일단 그 기술이 몸에 베고 나면 어떤 상황에서든 자연스럽게 자기만의 선택을 고민하지 않고 할 수 있습니다. 반면 덕이 없는 사람은 윤리적 딜레마에 빠졌을 때 이것과 저것 사이에서 고민을 합니다. 선택을 한다는 것은 어떤 한계에 직면했다는 뜻이기도 합니다. 그런데 덕이 있는 사람은 "이미 행한 것 혹은 행하지 않았던 것 모두가 행위자의 행위였다고 인정하는 능력"을 가진 것입니다.[77] 이처럼 기독교 전통에서 기도는 덕을 함양하는 가장 중요한 방법이었습니다. 자신의 욕망을 채우는 기도가 아니라 하나님나라와 그의 의를 구하는 기도, 자신을 비우고 낮추는 기도, 하나님의 공의와 평화를 구하는 기도가 그리스도인이 드리는 기도였습니다.

마지막으로 기도는 인간의 힘으로 하나님의 나라를 성취하거나 앞당길 수 없다는 것을 겸허히 인정하는 행위이기도 합니다. 인간의 노력과 행동만으로 인간의 번영과 공동선을 이룰 수 없다는 것을 깨닫는 행위가 바로 기도입니다. 인간의 노력들이 하나로 모여 새로운 사건을 만들고, 합력해서 선을 이루는 분은 하나님이심을 고백하는 행위입니다. 하나님이 하시는 일은 때론 우리의 이해를 초월합니다. 그리고 우리는 그를 신뢰하도록 부름받았습니다. 십자가에서 죽으시고 부활하신 예수님이 하나님의 사랑과 능력의 증거임을 믿기 때문에 세상에서 이해하지 못할 일들이 발생해도 그분은 선하고 인자하다는 사실을 기꺼이 믿는 것입니다. 기도는 이런 하나님을 믿고 신뢰하겠다는 믿음의 표현입니다. 이 사실을 믿는다면 우리는 감히 기도할 수 있고 기도해야만 합니다.

1. 교회에서 정치지도자나 나라를 위해서 기도할 때, 주로 어떤 내용으로 기도하나요? 그리고 어떤 기도를 해야 할까요?

2. 인터넷에서 **바르멘 신학선언**이나 **벨하 신앙고백서**를 찾아서 읽어 보고, 어떤 부분이 불의에 저항하는 내용인지 찾아봅시다.

3. 예배와 기도가 우리의 욕망을 형성하고 그 방향을 바꾼다고 할 때, 구체적으로 어떤 순서, 어떤 요소가 그런 역할을 할까요? 예배와 정치는 어떤 관계가 있을까요? 정치적 예배란 어떤 예배일까요?

12장 °
급진적 제자도에서 인간의 번영으로

그동안 우리는 예수님의 삶과 가르침 그리고 그분을 본받아 살아가는 제자도가 그리스도인의 참된 윤리이며 덕이라고 배웠습니다. 예수님은 자기를 부인하고 자기 십자가를 지고 따라오라고 했으며, 자신보다 다른 이들을 더 소중하게 생각해야 한다고 했습니다. 심지어 산상수훈에서는 가난한 자가 복이 있으며 의를 위하여 핍박을 당하고 고난을 당해도 기뻐하라고 했습니다. 이런 제자도의 영성은 인간의 번영과는 영 거리가 멀어 보입니다. 역사 속에서 예수님의 가르침을 문자적을 지키기 위해 수도원에 들어가 청빈한 삶을 사는 수도사들도 있었고, 예수님의 비폭력을 그대로 실천하기 위해 애쓰는 사람들이 우리 주변에는 여전히 존재합니다. 어떤 이들은 예수님의 가르침을 현대 사회에 적용하면 반드시 국가

권력이나 자본주의 질서에 맞설 수밖에 없다며 강력한 저항을 이야기하기도 합니다. 소위 급진적 제자도라는 말은 이런 삶의 태도를 그리스도인의 모든 영역에 적용하는 걸 가리킵니다. 하지만 이런 급진적 제자도는 또 다른 율법주의로 새로운 죄책감을 심겨주기도 합니다. 자발적인 가난과 투쟁하는 삶은 개인의 기쁨과 즐거움을 빼앗고 삶을 즐길 수 없게 만들기도 합니다. 선물로 받은 삶을 기쁨과 감사함으로 누리기보다는 자신이 세운 높은 도덕 기준에 맞추어 사느라 타인의 시선과 평가에 예민하게 반응하고 동시에 자신의 삶을 옭아매기도 합니다.

어쩌면 우리는 급진적 제자도라는 명분 때문에 인간의 번영이라는 또 다른 귀중한 기독교의 유산을 잃어버린 것은 아닐까요? 그동안 성경이 말하는 번영은 세속적인 가치와 성공 신화로 그 의미가 너무도 많이 왜곡되었습니다. 유난히도 복을 좋아하는 한국인의 정서와 경제개발 시절 가난하고 배고픈 사람들이 기독교를 믿으면 만사형통하게 된다는 달콤한 설교가 만나면서 신앙의 모든 요소는 축복이라는 블랙홀로 빨려 들어갔습니다. 마치 여호와의 증인들이 **새 하늘과 새 땅**이라는 용어를 독점해서 사용하는 바람에 기성 교회에서는 그 용어를 사용하기 꺼려하는 것처럼, 번영이라는 말도 비슷하게 부담스러운 용어가 되었습니다. 하지만 최근에 많은 신학자들이 인간의 번영은 사실 성경에서 지속적으로 강조하는 중요한 개념이며, 심지어 성경의 중심주제라고 말합니다.

샬롬의 신학

오늘날 사람들이 사용하는 것과 동일한 의미로 **번영**이라는 단어가 성경에 나오는 것은 아닙니다. 하지만 성경에는 이와 관련된 어휘들이 상당히 많이 등장하는데, 그중 대표적인 것으로는 행복, 기쁨, 웰빙, 성취와 같은 단어들입니다. 이런 단어들은 성경에서 상당히 자주 등장하고 심지어 성경에서 말하는 가장 중요한 개념이기도 합니다. 김도훈에 따르면 최근 서구에서는 행복과 번영에 대한 논의가 전성기를 맞이하고 있다고 합니다.[78] 대표적으로 독일 신학자 위르겐 몰트만(Jurgen Moltmann)은 기독교를 기쁨의 종교로 정의하고, 예일 대학교의 신앙과 문화 센터의 책임자인 미로슬라브 볼프는 인간의 번영을 매우 중요한 신학적 주제로 다루고 있습니다. 이는 최근 성서학에서 창조론에 대한 관심이 부각되기 시작하면서 자연스럽게 신학적 주제가 옮겨간 영향도 있습니다. 전통적으로 신학자들은 구원론의 관점으로 혹은 구속사에 대한 주제를 중심으로 성경을 해석했습니다. 자연스럽게 창조는 그저 구원을 위한 배경이나 이스라엘 구원사의 시작점 정도로만 의미를 가졌습니다. 하지만 이제는 반대로 창조를 중심으로 신학을 다시 조정하기 시작했고, 창조의 관점으로 종말까지 함께 사고하는 흐름으로 바뀌고 있습니다.

> 창조는 인간 구원의 서막이 아니라 인간과 자연의 풍성한 삶, 풍요로운 삶, 아름다운 삶의 창조이다. 하나님과 인간과 자연의 샬롬, 조화의 관계가 만들어지는 하나님의 행위이다. … 하나님은 모든 것을 창조하신 후에 인간뿐 아니라 모든 피조물에 번성(thriving)과 풍요(flourishing)의 복을 주시고 **모든 것이 아주 좋았다**(very good)고 선언하셨다.[79]

이런 창조의 풍성함과 번영에 대한 메시지는 종말론에 대한 비전으로까지 이어집니다. 종말의 때에 완성될 새 하늘과 새 땅은 창조 세계가 온전히 회복되는 것으로 제시됩니다. 예전에는 구원을 중심에 두고 창조를 보조적인 개념으로 해석했다면, 이제는 반대로 구원도 창조 세계의 번영을 중심으로 다시 의미를 갖게 됩니다. 리처드 미들턴은 성경에서 말하는 구원의 의미를 다음과 같이 설명합니다.

> 구원은 하나님이 궁핍한 상황에 처한 이들을 그들의 행복을 방해하는 것에서 구하시고, 그 결과 그들이 회복되어 온전해지는 것이다. 온전함 또는 행복은 창조 세계에 대한 하나님의

원래 의도이며, 온전함을 방해하는 것—모든 형태의 죄와 악과 죽음—은 근본적으로 반창조적이다. 궁핍한 자들의 구원과 그들의 (하나님과 타인과 세상과의 관계에서의) 행복으로의 완전한 회복은 모두 구원에 있어서 필수적이다.[80]

창조 세계의 번영과 행복이라는 관점에서 성경 전체를 해석하면 인간의 번영을 가로막는 것이 바로 죄이고, 이 방해물을 거두는 것이 구원이라 할 수 있습니다. 하나님이 예수 그리스도를 통해 인간을 비롯한 모든 창조 세계에 영생과 풍성한 삶을 약속하신다는 것이 성경의 증언입니다.

구약성경에서 인간의 번영을 가리키는 단어로는 대표적으로 **샬롬**을 들 수 있습니다. 샬롬은 그리스어로 **에이레네**(eirene)로 번역되고, 영어로는 **평화**(peace)로 번역됩니다. 성경에는 샬롬과 관련된 어휘군(명사 및 동사)이 상당히 많이 등장하기 때문에 그 의미를 정확하게 파악하기는 쉽지 않습니다. 주로 온전함(wholeness), 웰빙(well-being), 번영(flourishing) 정도로 그 의미가 파악되고 있습니다. 보통 샬롬이라는 인사는 그 사람의 번영을 기원하는 의미로 사용됩니다. 그 외에도 일반적으로 건강, 경제, 관계 등 삶의 모든 부분이 조화와 완전함 속에 그 기능이 제대로 발휘될 때 사용되기도 합니다.[81] 하지만 무엇보다 성경에서 말하는 샬롬의 특징은 공동체의 번영을 의미합니다. 월터 브루그만은 이 부분을 특히 더 강조합니다.

> 샬롬은 모든 피조물을 포용하는 하나의 공동체에 대한 성서의 비전의 본질이다. 샬롬은 공동체적인 조화로운 삶을 즐겁고 효과있게 하는 모든 원천들과 요인들을 가리킨다.[82]

구약성경에서 말하는 샬롬은 개인적인 안녕과 번영을 말하지 않습니다. 그것은 고립된 개인의 평화가 아니라 모든 이에게 골고루 적용되는 공동체의 평화입니다. 어린이나 노약자, 장애인이나 심지어 동물까지도 배제하지 않는 모두를 포함하는 평화입니다. 이사야 11:6-9과 65:17-25에서 말하는 것처럼 모든 피조물이 적대적인 관계를 청산하고 새로운 관계와 질서로 재설정되는 것이 바로 샬롬입니다.[83]

화평하게 하는 자가 되라

한국교회가 사회로부터 지탄을 받는 일이 이제는 너무나 익숙해져 한편으로는 우리 스스로가 패배감에 빠져있기도 합니다. 한국교회를 향한 개혁의 목소리가 끊임없이 나오고 있지만 실상 어디서부터 손을 대야 할지도 모르겠습니다. 이렇게 열정이 사그라들 때 우리는 원점으로 돌아가 성경의 메시지에 귀를 기울이고 우리의 소명이 무엇인지 다시 확인해야 합니다. 초대교회 성도들 역시 로마 제국의 핍박과 박해 속에서 어떻게 그리스도인의 정체성을 형성해야 하고 무슨 일을 해야 할지 고민했습니다. 어떤 이는 자신을 핍박하는 사람들과 맞서 싸우고자 했고, 어떤 이는 아예 복잡한 일에 연루되기 싫어 사람들을 피해 조용한 곳에서 살고자 했습니다. 또 어떤 이는 자신의 신앙을 숨기고 적당히 섞여 지내면서 동시대의 문화에 동화되어 살아가기도 했습니다. 이런 삶의 태도는 모두 어느 정도 이해할 만 하지만 궁극적으로 하나님이 원하시는 모습은 아니었습니다. 베드로전서 3:13을 보면 하나님은 그리스도인의 소명을 다시금 일깨우십니다.

> 또 너희가 **열심으로** 선을 행하면 누가 너희를 해하리요

박해를 받는 상황에서 열정을 내기란 쉽지 않습니다. 하지만 하나님은 고난 받는 그리스도인들에게 "열심으로 선을" 행하라고 말씀합니다. 비록 지금 상황이 녹록치 않고 어렵더라도 포기하지 말고 본래의 소명을 회복하라고 강권하십니다. 포로로 끌려간 이스라엘 백성들에게도 하나님은 동일하게 그 땅에 평안을 구하라고 말씀하셨습니다(렘 29:7, 11). 비록 그들의 상황이 전혀 샬롬과 상관이 없고, 샬롬을

상상할 수 없는 상황이라 할지라도 말입니다. 하나님은 유배지에서 희망을 선포하십니다. 예레미야가 말하고자 했던 것은 그 절망의 상황 속에서도 하나님은 여전히 그곳에 현존하고 계셨다는 것입니다. 그들은 버림받지 않았고 홀로 있지 않았습니다.[84]

산상수훈에 나오는 **화평하게 하는 자**(peacemaker)라는 단어는 평화를 뜻하는 **에이레네**(eirene)와 만들기를 뜻하는 **포이에오**(poieo)의 합성어입니다.[85] 평화라는 단어는 구약성경의 **샬롬**을 그리스어로 번역한 것입니다. 성경에서 샬롬은 **포괄적이고 유쾌한 건강 상태를 가리**킵니다. 그저 전쟁이 멈추고 폭력이 없는 상태에 만족하는 소극적인 평화가 아닙니다.

> 샬롬은 … 참된 행복에 필요한 모든 것, 곧 안전과 안정, 사랑과 관계, 좋은 일자리와 집, 몸과 마음의 건강 등이 충만한 상태를 가리킨다. 하나님은 서로 의존하면서 얽혀 있는 관계망 같은 세상을 창조하셨고, 이것이 성경이 말하는 샬롬이다.[86]

인간의 번영과 샬롬을 만들고 형성하는 것이 바로 우리의 사명입니다. 우리를 "화평하게 하는 자"로 부르신 하나님은 본래 인간에게 주어진 과제, 즉 샬롬을 선포하고 인류의 번영을 만들어 내는 일에 우리를 보내십니다. 그런데 그곳이 바로 황무지, 유배지, 깨어진 세상이라는 사실이 우리를 힘들게 합니다. 하지만 하나님은 그 속에서 낙망하지 말고 다시금 소명을 붙들고 살아가라고 우리의 등을 미십니다.

기독교적 번영의 특징

조나단 페닝턴(Jonathan T. Pennington)의 연구에 따르면 모든 종교는 인간의 행복과 번영을 중요하게 언급합니다. 고대 철학이나 세속적인 이념 가운데도 진정한 행복을 얻기 위한 인식은 늘 존재했습니다. 방식과 형식에 있어서 차이가 있을지언정 행복을 추구하는 인류의 노력은 누구에게나 같습니다. 인류의 지성사와 학문이 행복하게 잘 사는 삶을 고민하고 연구하는 것은 어쩌면 너무도 당연합니다. 그렇다면 기독교에서 말하는 행복과 번영에 대한 생각은 여타 다른 사상과 어떤 점에서 다를까요? 페닝턴은 기독교 신학에서 말하는 번영의 특징을 다음과 같이 세 가지로 정리합니다.[87]

1) 충만한 번영은 오직 하나님과의 관계와 교제 안에 있을 때만 경험될 수 있다.
2) 충만한 번영은 오직 하나님이 그의 다스림과 통치(하나님의 나라)를 완전히 세우실 때인 종말의 때에 경험하게 될 것이다.

3) 번영은 선교적이고 제사장적이며 바깥 세상에 중점을 두어 하나님의 영광을 세상에 퍼뜨리는 것이다.

각각의 특징을 간단히 설명하면 이렇습니다. 먼저 당연하면서도 가장 중요한 특징은 유일하신 하나님과의 언약 관계 속에서 인간의 번영을 설명하는 것입니다. 기독교 신학에서 말하는 인간의 번영과 행복은 하나님과의 관계 속에서 부차적으로 취급됩니다. 성경에서는 일시적이고 근시안적인 행복에 대한 경고가 많습니다. 지금 당장 좋은 것처럼 보이고 유익한 것처럼 보여도 결국 없어질 것을 선택해서는 안 된다는 경고의 메시지들입니다. 예를 들어 산상수훈의 결론부에서는 넓은 길과 문, 양의 옷을 입은 일, 모래 위에 지어진 어리석은 집 비유를 통해 진정한 행복을 이야기하고 있습니다. 현세적인 복만을 강조하는 이들은 결국 이미 그들의 상을 다 받았다고 말합니다. 따라서 번영과 행복은 인간의 궁극적인 목적도 아니고 목표가 되어서도 안 됩니다. 그리스도인은 오직 하나님 한 분만을 바라보고 소망하며 살아가는 것이 진정한 인생의 목적이 되어야 합니다. 성경은 인간의 번영에 대해서 강조하고 반복해서 언급하지만 그것은 하나님과의 관계 속에서만 참된 의미를 찾을 수 있는 개념입니다.

두 번째로 진정한 번영에 대한 성경의 비전은 종말론적

특징을 갖고 있습니다. 이 세상을 향한 하나님의 선하신 뜻과 비전은 인류를 구속하는 종말의 때에 이르러서야 완전히 실현됩니다. 이 말을 뒤집어서 이야기하면 아직 이 세상에는 고난과 아픔이 존재한다는 말이기도 합니다. 그래서 기독교의 번영은 역설적입니다. **이미**와 **아직**이라는 역설적인 하나님나라의 종말론적 특징에서 알 수 있듯이 땅에서 **인간의 번영은 상실, 갈망, 고통, 박해 등에 행복, 기쁨, 만족, 평화가 결합된 역설적인 방식으로만 경험**됩니다.[88] 따라서 그리스도인들은 아직 도래하지 않은 하나님나라를 기다리고 고대하면서 자신의 소명을 따라 살아갑니다.

마지막으로 성경에서 말하는 인간의 번영은 창조 세계의 회복으로 이어집니다. 단순히 개인의 행복과 만족으로 끝나지 않고, 그 수준을 훨씬 뛰어넘어 하나님이 창조한 모든 피조물들의 온전한 회복과 전파로 이어집니다. 그래서 이 행복은 "선교적이고, 제사장적이며, 외부 중심적이고, 하나님의 영광과 사랑을 지상 전체에 전파하는 것"을 그 특징으로 삼습니다.[89] 이는 창조의 목적을 다시 회복하는 것이고 인간의 소명과도 연결됩니다. 그런데 시야를 넓혀 인간의 번영이라는 지평을 창조 세계의 회복으로까지 확장하려면 무엇보다 용기가 필요합니다. 개인의 행복을 넘어 공동체의 유익과 안녕을 도모하려는 용기, 불편함을 감수하고서라도 이웃과 동물의 평안을 지키려는 용기, 욕망의 한계를 스스로 지어 제한된 재화를 나눠줄 수 있는 용기 말입니다.

번영하는 삶과 십자가의 영성

기독교에서 말하는 인간의 번영은 마냥 현세적인 복만을 강조하지 않는다는 사실을 확인했습니다. 고난과 역경은 분명히 우리의 삶에 실제로 존재하고 여전히 우리의 삶을 위협합니다. 또한 신학적으로 번영하는 삶과 제자도의 영성, 십자가의 길은 양립하기 어려워 보입니다. 잘 먹고 잘 사는 삶은 고난과 희생과 자기 내어 줌과 서로 어울리지 않아 보입니다. 성경에서 말하는 행복한 삶과 예수 그리스도를 따르는 삶, 그리스도의 남은 고난에 동참하는 삶을 어떻게 연결할 수 있을까요? 질문은 더 깊어집니다. 그렇다면 진짜 잘 먹고 잘 사는 삶은 무엇일까요? 진짜 행복한 삶이란 또 무엇일까요?

적어도 이스라엘 공동체에서 잘 사는 삶은 다 함께 더불어 풍요로운 기쁨을 나누는 삶이었습니다. 그리고 반대로 나만 잘 먹고 잘 살겠다는 이기적인 욕망과 탐욕이 바로 죄였습니다. 자기 안으로 구부러진 마음, 자신의 안정과 평안만 추구하는 마음, 자신의 삶이 선물로 주어졌다는 사실을 모르는 마음들로는 성경에서 말하는 진정한 의미의 샬롬을 실현할 수 없습니다. 이스라엘 사람들은 언제나 사회에서 소외되고 삶의 자리를 박탈당한 자들을 돌보라는 명령을 받았습니다. 고아와 과부와 나그네를 돌보라는 명령은 구약 성경에서 줄기차게 등장하는 하나님의 명령입니다. 보통 자신이 노력해서 얻은 수확물은 당연히 자기 소유라고 생각합니다. 하지만 하나님은 그것을 이웃과 나누라고 하십니다.

> 너희가 너희의 땅에서 곡식을 거둘 때에 너는 밭 모퉁이까지 다 거두지 말고 네 떨어진 이삭도 줍지 말며 네 포도원의 열매를 다 따지 말며 네 포도원에 떨어진 열매도 줍지 말고 가난한 사람과 거류민을 위하여 버려두라 나는 너희의 하나님 여호와이니라(레 19:9-10)

오늘날 그토록 공정성을 주장하는 이들이 보면 펄쩍 뛸 만한 말씀입니다. 노력도 하지 않은 이들에게 재화를 분배한다는 것은 정당하지 못하다고 생각하기 때문입니다. 거류민은 그저 무임승차한 이들이라고 비난할 것입니다. 하지만 잘 생각해 보면 이스라엘 민족 역시 예전에는 나그네였습니다.

> 거류민이 너희의 땅에 거류하여 함께 있거든 너희는 그를 학대하지 말고 너희와 함께 있는 거류민을 너희 중에서 낳은 자 같

이 여기며 자기 같이 사랑하라 너희도 애굽 땅에서 거류민이

되었었느니라 나는 너희의 하나님 여호와이니라(레 19:33-34)

이스라엘 백성들이 지금은 자신의 집과 농장에서 풍요롭게 삶을 유지하더라도 그곳에 거주하는 거류민에게 자신의 재산을 조금씩 떼어주어야 하는 이유가 여기에 있습니다. 그들도 예전에는 거류민이었고 또 앞으로 거류민이 될 수도 있기 때문입니다. 처음에는 모두 자기 땅과 재산을 가지고 있었지만 남편이 일찍 죽거나 아버지가 전쟁에 나가 사망한 경우 그 땅을 팔고 다른 집에서 소작농으로 살거나, 그것도 힘들면 이곳저곳을 돌아다니며 떠돌이처럼 살아야 했습니다. 하나님은 이들을 결코 외면하지 말라고 하십니다. 그들은 바로 우리의 친척이고 우리의 이웃이기 때문입니다.

진정한 번영은 옆에 있는 이웃이 안전한 삶을 유지할 때 비로소 가능해집니다. 뒤쳐지면 죽는다는 절박한 심정으로 발버둥 치며 사는 삶이 아니라 자신의 소유를 나누면서 이웃을 돌보는 삶입니다. 번영하는 삶이 십자가의 영성과 결합할 수 있는 신비가 여기에 있습니다. 잘 사는 삶은 결국 자신의 소유를 비워 타인의 삶을 부요하게 하는 삶입니다. 조금 더 현실적으로 이야기하자면 세금을 늘려 복지 예산을 늘리고 월급의 일부를 떼어 비영리단체에 기부하는 삶입니

다. 남을 돕기 위해 자신의 일부를 떼어 주는 것은 결국 자기를 위한 보험이기도 합니다. 우리 사회가 불안과 걱정으로부터 해방되어 안전사회로 가기 위해서는 누구라도 나락으로 떨어지지 않도록 사회보장 제도를 든든하게 만들어야 합니다. 만일 교통사고가 나서 장애인이 되더라도 예전의 삶을 지속할 수 있도록 다양한 제도가 그의 삶을 뒷받침해 준다면 좋겠습니다. 혹시 나중에 이런저런 이유로 가족을 잃고 한순간에 삶의 기반을 잃어버리게 되더라도 최소한의 생계를 유지할 수 있는 제도와 복지가 마련되면 좋겠습니다. 누구라도 미래에 대한 두려움과 불안으로 걱정하지 않았으면 좋겠습니다.

이것이 바로 성경이 말하는 샬롬의 윤리, 진정한 번영 신학입니다. 자기를 내어주고 다른 이들을 받아 들일 수 있는 공간을 만드는 것, 자신의 소유를 나눠 타자가 샬롬을 누릴 수 있도록 도와주는 것, 이런 삶이 바로 십자가를 끌어 안은 번영 아닐까요? 이야기를 조금 더 확장해 보면, 인간의 번영이란 결국 지속 가능한 사회를 만들기 위한 노력이라고 할 수 있습니다. 이를 위해선 어린이를 귀하게 여기고 지구 환경을 돌보는 책임윤리가 중요합니다. 어린이는 예나 지금이나 가장 작고 연약한 존재입니다. 약하고 작기 때문에 함부로 대하고 그들의 의견을 쉽게 무시합니다. 우리 시대에 가장 힘든 노동은 바로 육아라고 합니다. 육아를 해 보면 다른 생명을 전적으로 책임지고 돌보는 일이 얼마나 어려운지 알게 됩니다. 아이 한 명을 돌보기 위해서는 많은 시간과 정성이 필요합니다. 그만큼 누군가의 희생이 필요합니다. 돌봄은 이제 우리 사회의 가장 중요한 사회적 이슈이며 함께 짊어져야 할 정치적인 문제입니다. 돌봄 노동을 하찮게 여긴다면 결국 우리 사회의 여러 방면에서 심각한 문제가 발생할 겁니다. 어린이를 돌보는 일은 공동체 전체의 운명이 걸린 문제라는 사실을 인식하고 정부와 민간 단체가 함께 힘을 쏟아야 할 영역입니다.

우리를 둘러싼 지구 환경 역시 지속 가능한 사회를 위해 반드시 책임져야 할 부분입니다. 코로나 바이러스로 인해 우리는 자연 생태계를 어떻게 돌봐야 하는지 몸으로 배웠습니다. 동물의 서식지를 빼앗고 플라스틱으로 강물이 오염되면 자연은 인간에게 그대로 되갚아 줍니다. 이제 지구 환경을 돌보는 일은 선택 사항이 아닌 생존을 위한 필수 사항입니다. 진정한 번영은 이렇게 어린이와 자연 생태계를 잘 돌보는 일까지 포함합니다. 그저 나만 잘 먹고 잘 살기를 바란다면 어린이나 자연 세계까지 신경쓰지 않아도 됩니다. 하지만 앞서 말했듯이 모두가 함께 잘 살지 않으면 결국 나의 행복도 보장되지 않습니다. 지구라는 공유재를 함께 잘 돌보지 않는다면 결국 모두가 공멸할 수밖에 없습니다. 래리 라스무센(Larry L. Rasmussen)은 지구를 공경하는 신앙은 그리 어렵지 않다고 말하면서 다음과 같은 삶의 태도를 학습하라고 조언합니다.[90]

- 가볍게 여행하기: 우리는 언제나 우리가 상상한 것보다 더 적은 것으로 일을 처리할 수 있다.
- 내려놓기: 우리를 통제하려는 욕망을 단념하기를 배워야 한다.
- 열어놓기: 우리는 결속하고 다시 결합하도록, 화해하도록 부름을 받았다.
- 부드러워지기: 어떻게 하면 우리의 공동체들을 덜 야만스럽고 더 살기에 좋은 곳으로 만들 수 있을까?
- 가볍게 밟기: 우리의 환경에 상처를 주는 짓을 그만두어야 하고 환경을 해치지 말아야 한다.
- 단순하게 살기: 서로 간의 관계 그리고 우리의 환경과의 관계를 복잡하지 않게 하고 소비를 줄여야 한다.
- 간단히 살기: 살아남기 위해 다른 사람과 그리고 자연과 경쟁하지 말아야 한다.

지속 가능한 삶과 인류의 번영을 위한 신앙은 조금 더 단순하게, 조금 더 불편하게, 조금 더 부드럽게, 조금 더 여유롭게 사는 삶입니다. 하나님께서 원하시는 진정한 번영은 자신을 비우고 희생하는 십자가의 영성과 만날 때 비로소 완성됩니다.

: 토의 질문 :

1. 잘 먹고, 잘 살고 싶은 욕망은 기독교의 영성과 어떤 관계가 있을까요? 그리스도인은 부자로 살아도 되나요? 그리스도인은 건강, 돈, 행복에 어떤 가치를 부여하며 살아야 할까요?

2. 기복신앙, 번영신앙의 문제점에 대해서 이야기해 봅시다. 성경이 말하고 있는 진정한 복은 무엇인지, 하나님이 원하시는 샬롬은 어떤 것인지 이야기해 봅시다.

3. 이웃의 고통과 아픔을 함께 짊어지기 위해서 그리스도인들이 할 수 있는 일에 대해 이야기해 봅시다. 이웃의 고통을 분담하기 위해서 국가가 해야 할 일, 공동체가 해야 할 일, 교회가 해야 할 일에 대해 이야기해 봅시다.

4. 어린이와 노인을 돌보고, 지속 가능한 환경을 만들기 위해서 그리스도인이 해야 할 일에 대해서 이야기해 봅시다.

나가는 글 °
우리 나름의 길

초기 그리스도인들은 예수가 지옥까지 내려갔다고 고백했습니다. 수많은 인간이 경험했고 앞으로 경험할 바로 그 지옥 말입니다. 이로써 이 세상에 그리스도가 계시지 않는 곳은 없습니다. 그런데도 기독교 복음과 예수의 사역이 개인과 교회 내부에서만 유용하다고 주장한다면 그야말로 반쪽짜리 복음만 아는 것입니다. 하나님은 세상을 위해 예수를 이 땅에 보내셨고 교회는 그분의 복음을 선포할 사명이 있습니다. 그런데 신학자들은 이 당연한 사실을 내팽개친 채 **세상을 위한 신학**과 **교회를 위한 신학**을 나눠서 어느 편에 서야 하는지 소모적인 논쟁을 이어 왔습니다. 공공신학을 둘러싼 신학자들의 논쟁은 아직도 이 싸움에 머물러 있는 경우가 많습니다. 왜 복음은 사적이면서 동시에 공적이라는 사실을 그토록 받아들이기 힘들었던 걸까요? 해석학이 알려 주는 불편한 진실은 대부분의 사람들이 텍스트를 통해 자신이 보고 싶은 것만 본다는 사실입니다. 신실한 그리스도인 이라면 성경를 통해 **오늘 우리에게 말씀하시는 하나님의 뜻** 을 발견하고 싶겠지만, 아쉽게도 자신에게 유익한 메시지만 선택하는 것이 현실입니다. 그래서 텍스트는 자신을 비추는 거울이기도 합니다.

사실 지금까지 다룬 열 개의 본문 해석은 그 본문의 선정 에서부터 참고 서적, 해석 과정에 이르기까지 저의 선입견이 작용하지 않은 부분이 없습니다. 왜 굳이 그 본문을 선택했 냐고 물어보면 딱히 할 말이 없습니다. 그저 평소 제가 고민 하던 주제와 본문이 적절하게 맞아떨어졌기 때문이라고 대 답할 수밖에 없습니다. 혹시라도 아마추어 신학자의 설익은 해석이 성경을 오독하거나 오해한 것은 아닐지 두렵기도 합 니다. 그럼에도 나름대로 자료를 찾고 공부하면서 최대한 조 심스럽게 성경을 해석하고 공공신학과의 접점을 찾아보려 고 노력했습니다. 이 책이 공공신학적 성경연구의 선구적인 연구가 되어 앞으로 이런 책들이 지속해서 나온다면 본연의 역할은 다 한 것이라고 봅니다.

저는 이 책에서 성경을 해석하고 우리 시대에 적절한 공공신학을 제시하기 위해 유념해야 할 해석학적 기준을 제시하려고 했습니다. 다시 한번 말하지만 **누구를 위한, 어떤** 공공신학을 추구할 것이냐가 관건입니다. 저마다 다른 관점과 방식으로 공공성을 말하는데 결국 신학이 가리키는 방향과 대상이 누구를 향하고 있느냐가 중요합니다. 공공선이 실제로 누구에게 이익을 가져다주며 누구를 배제하고 있는지 잘 살펴봐야 합니다. 많은 경우 **공적**이라고 이름 붙인 것이 특정 소수에게만 이익을 가져다주는 경우도 많고, 반대로 사적 삶이 정당하게 보호받지 못하는 경우도 비일비재합니다. 공공신학이 관심을 기울여야 하는 이들은 분명합니다. 그들은 바로 **공적 공간에서 자신의 권리를 위해 외치는 주변화된 이들**이며 사회에서 침묵을 강요당하고 자신의 권리를 박탈당한 이들입니다.[91] 이들의 목소리를 경청하고 이들을 위한 자리를 마련해 주는 것이 결국 모두를 위한 선택이고, 이것이 신학의 중요한 역할입니다.

오늘날 공공신학은 구체적인 이슈와 문제로부터 신학을 다각적으로 재구성하려고 합니다. 그런 점에서 공공신학은 **귀납적인** 신학이자 **현실 적합적인** 신학이라 할 수 있습니다. 이미 만들어진 신학을 공적 삶에 적용하는 것이 아니라, 구체적인 삶의 현실에서 터져나오는 질문에 진지하게 응답하는 신학입니다. 우리의 신앙을 복음의 사적 적용이나 내면적인 작용으로만 보지 않고, 타인과의 관계 속에서 그리고 공동체와 공적 영역과 연결지어 이해하려고 노력합니다. 변화하는 사회 문제에 유연하게 대응하고 적절한 응답을 제시하되, 그것을 시민사회와 함께 해결하려고 합니다. 이런 점에서 공공신학은 본회퍼가 제기했던 질문, **오늘 우리에게 그리스도는 누구인가?**에 대한 신학적 응답이라고 생각합니다.

지금 우리가 살아가는 세상은 미래에 대한 불안과 빈곤이라는 지속적인 공포가 더욱 광범위하게, 더욱 잔인하게 사람들을 몰아가고 있습니다. 이런 시대에 신학은 사람들에게 어떤 도움을 줄 수 있을까 고민하지 않을 수 없습니다. 과연 복음은 사람들의 불안과 공포를 근원적으로 해소해 줄 수 있을까요? 과연 신학은 사람들에게 새로운 희망의 메시지를 전달하고 비전을 제시해 줄 수 있을까요? 시대를 읽고 분별할 수 있는 혜안과 지혜가 필요한 시점입니다. 지금이 저항하고 투쟁해야 할 순간인지, 아니면 연대하고 협력해야 할 순간인지에 대한 신학적 결단을 내려야 합니다. 어느 하나만 고집할 필요는 없습니다. 저항이 필요할 때가 있고 연대가 필요할 때가 있습니다. 때로는 기존에 만들어진 길이 아닌 새로운 길을 만들어야 할 때도 있습니다. 지금은 사람을 살리는 신학, 세상에 생명을 주는 신학, 모두가 함께 평화롭게 공존할 수 있는 신학을 만들어야 할 때입니다.

다소 무겁고 비관적인 현실 진단으로 이 책을 시작했지만 그 해결 방안까지 비장할 필요는 없습니다. 유배 상황 속에서도 하나님은 새로운 사람들을 통해 새로운 길을 예비해 주셨고, 주어진 현실을 충분히 활용해 나름의 살 길을 모색했던 사람들의 이야기를 들려주셨습니다. 이제 우리는 우리의 이야기를 이어나가면 됩니다.

참고문헌 °

들어가는 글

· 필 주커먼, 종교 없는 삶, 박윤정 역, 판미동, 2018.

1장

· 존 바턴, 온 세상을 위한 구약 윤리, 전성민 역, IVP, 2017.
· 월터 브루그만, 탈교회 시대의 설교, 이승진 역, CLC, 2017.
· 월터 브루그만, 예언자적 상상력, 김기석 역, 성서유니온, 2009.
· Etienne de Villiers, "Prophetic witness: An appropriate mode of public discourse in the democratic South Africa?" *HTS Theological Studies* 66.1 (2010): 1–8.

2장

· 강인철, 한국의 종교, 정치, 국가, 한신대학교출판부, 2013.
· I. Howard Marshall, "Biblical Patterns For Public Theology", *European*

Journal of Theology 14.2 (2005): 73-86.

3장

· 존 바턴, 온 세상을 위한 구약 윤리, 전성민 역, IVP, 2017.

· 제임스 림버그, 현대성서주석: 호세아-미가, 한국장로교출판사, 2004.

· John Barton, *Theology of The Book of Amos*, Cambridge University Press, 2012.

4장

· 목회데이터연구소, 넘버즈 61호, 2020년 8월 발행, http://www.mhdata. or.kr/bbs/board.php?bo_table=koreadata&wr_id=112&page=6

· 리 비치, 유배된 교회, 김광남 역, 새물결플러스, 2017.

· 제임스 림버그, 현대성서주석: 호세아-미가, 한국장로교출판사, 2004.

5장

· 제임스 헌터, 기독교는 어떻게 세상을 변화시키는가, 배덕만 역, 새물결플러스, 2014.

· 리처드 커니, 이방인, 신, 괴물, 이지영 역, 개마고원, 2004.

· 조슈아 W. 지프, 환대와 구원, 송일 역, 새물결플러스, 2019.

· 파커 J. 파머, 비통한 자들을 위한 정치학, 김찬호 역, 글항아리, 2012.

· I. Howard Marshall, "Biblical Patterns For Public Theology", *European Journal of Theology* 14.2 (2005): 73-86.

· Duncan B. Forrester, "The Scope of Public Theology", *Studies in Christian Ethics* 17.2 (2004): 5-19.

6장

· 짐 윌리스, 하나님 편에 서라, 박세혁 역, IVP, 2014.
· I. Howard Marshall, "Biblical Patterns For Public Theology", *European Journal of Theology* 14.2 (2005): 73–86.

7장

· 폴 핸슨, 현대성서주석: 이사야 40–66, 이인세 역, 한국장로교출판사, 2012.
· 리처드 미들턴, 새 하늘과 새 땅, 이용중 역, 새물결플러스, 2015.
· 로널드 사이더, 복음전도와 사회운동, 이상원·박현국 역, CLC, 2013.
· 브라이언 왈쉬, 세상을 뒤집는 기독교, 강봉재 역, 새물결플러스, 2010.

8장

· 존 파이퍼, 코로나 바이러스와 그리스도, 조계광 역, 개혁된실천사, 2020.
· 앤드류 올포드, 아만다 네룬드, 회복적 정의의 정치학, 김복기, 고학준 역, 대장간, 2022.
· Dan O. Via, Divine Justice, *Divine Judgment: Rethinking the Judgment of Nations*, Fortress Press, 2007.
· David Neville, "Justice and Divine Judgement: Scriptural Perspectives for Public Theology", *International Journal of Public Theology* 3.3 (2009): 339–356.

9장

· 윤철원, "빌립보서의 하팍스 레고메논(hapax legomenon)인 폴리튜마(politeuma)의 번역 문제", 성경원문연구 31 (2012): 112–133.
· 김덕기, "바울의 로마제국에 대한 정치적 태도와 정치신학: 빌립보서 1:27–30

과 3:20-21을 중심으로", 신약논단 17.3 (2010): 711-753.

· 스탠리 하우어워스, 윌리엄 윌리몬, 하나님의 나그네된 백성, 김기철 역, 복있
  는사람, 2018.
· 박영호, 빌립보서, 홍성사, 2017.
· 대럴 구더, 증인으로의 부르심, 허성식 역, 새물결플러스, 2016.
· 프레드 B. 크래독, 현대성서주석: 빌립보서, 박선규 역, 한국장로교출판사,
  2010.

10장

· 미로슬라브 볼프, 하나님의 말씀에 사로잡혀, 홍병룡 역, 국제제자훈련원,
  2012.
· 리 비치, 유배된 교회, 김광남 역, 새물결플러스, 2017.
· 스탠리 하우어워스, 윌리엄 윌리몬, 하나님의 나그네된 백성, 김기철 역, 복있
  는사람, 2018.
· 페임 퍼킨스, 현대성서주석: 베드로전후서, 야고보서, 유다서, 박종기 역, 한국
  장로교출판사, 2004.

11장

· 김지방, 적과 함께 사는 법, 이야기나무, 2013.
· 제임스 K. A. 스미스, 왕을 기다리며, 박세혁 역, IVP, 2019.
· 스탠리 하우어워스, 교회됨, 문시영 역, 북코리아, 2010.
· Pancha Wiguna Yahya, "Christians' Prayer, Missio Dei, and Missio
  Ecclesiae: An Exegetical Study of 1 Timothy 2:1-7", *Diligentia: Journal
  of Theology and Christian Education* 2.1 (2020), 58-76.

12장

· 김도훈, "긍정신학의 최근 연구 동향", 장신논단 51.5 (2019), 225-246.
· 리처드 미들턴, 새 하늘과 새 땅, 이용중 역, 새물결플러스, 2015.
· 월터 브루지만, 기독교와 평화, 홍철화 역, 대한기독교서회, 1988.
· 돈 에버츠, 희망의 이웃, 이지혜 역, 성서유니온선교회, 2022.
· 조나단 T. 페닝턴, 산상수훈과 인간의 번영, 이충재 역, 도서출판에스라, 2020.
· 래리 라스무쎈, 지구를 공경하는 신앙, 한성수 역, 생태문명연구소, 2017.
· Jonathan Pennington, "A biblical theology of human flourishing", *Institute for faith, work and economics* (2015), 1-22.

나가는 글

· 펠릭스 윌프레드 외, 아시아 공공신학, 황경훈 역, 분도출판사, 2021.

미주°

1   요한 크리소스토무스 ,「성무일도」Homilia in Matthaeum, 50, 4. 아달베르
     함만, 교부와 만나다, 이연학·최원호 역, 비아, 2019, 253-254에서 재인용.

2   아달베르 함만, 교부와 만나다, 이연학·최원호 역, 비아, 2019, 250.

3   제럴드 싯처, 회복력 있는 신앙, 성서유니온, 232.

4   William Perkins, A Treatise of the Vocations, White, 245. 리랜드 라이큰,
     청교도-이 세상의 성자들, 김성웅 역, 생명의말씀사, 1995, 350에서 재인용.

5   Richard Baxter, A Holy Commonwealth, Schneider, 15. 리랜드 라이큰, 청
     교도-이 세상의 성자들, 김성웅 역, 생명의말씀사, 1995, 350에서 재인용.

6   필 주커먼, 종교 없는 삶, 박윤정 역, 판미동, 2018.

7   Etienne de Villiers, "Prophetic witness: An appropriate mode of public
     discourse in the democratic South Africa?" HTS Theological Studies 66.1
     (2010): 1-8.

8   존 바턴, 온 세상을 위한 구약 윤리, 전성민 역, IVP, 2017.

9   월터 브루그만, 탈교회 시대의 설교, 이승진 역, CLC, 2017.

10   월터 브루그만, 탈교회 시대의 설교, 이승진 역, CLC, 2017, 27.

11 필 주커만, 신 없는 사회, 김승욱 역, 마음산책, 2012, 종교 없는 삶, 박윤정
    역, 판미동, 2018.

12 월터 브루그만, 예언자적 상상력, 김기석 역, 성서유니온, 2009, 31.

13 월터 브루그만, 월터 브루그만의 복음의 공공선, 정성묵 역, 두란노, 2021, 하
    나님, 이웃, 제국, 윤상필 역, 성서유니온, 2020.

14 김영봉, 바늘귀를 통과한 부자, IVP, 2003.

15 본문 해석은 I. Howard Marshall, "Biblical Patterns For Public Theology",
    European Journal of Theology 14.2 (2005): 73-76에서 아이디어를 얻었습니다.

16 강인철, 한국의 종교, 정치, 국가, 한신대학교출판부, 2013, 283-297.

17 존 바턴, 온 세상을 위한 윤리, 전성민 역, IVP, 2017, 94.

18 제임스 림버그, 현대성서주석: 호세아-미가, 한국장로교출판사, 2004, 151.

19 John Barton, *Theology of The Book of Amos*, Cambridge University
    Press, 2012, 59.

20 제임스 림버그, 현대성서주석: 호세아-미가, 한국장로교출판사, 2004, 153.

21 존 바턴, 온 세상을 위한 윤리, 전성민 역, IVP, 2017, 115.

22 목회데이터연구소, 넘버즈 61호, 2020년 8월 발행, http://www.mhdata.
    or.kr/bbs/board.php?bo_table=koreadata&wr_id=112&page=6

23 리 비치, 유배된 교회, 김광남 역, 새물결플러스, 2017, 83.

24 리 비치, 유배된 교회, 김광남 역, 새물결플러스, 2017, 93.

25 리 비치, 유배된 교회, 김광남 역, 새물결플러스, 2017, 93.

26 리 비치, 유배된 교회, 김광남 역, 새물결플러스, 2017, 99.

27 리 비치, 유배된 교회, 김광남 역, 새물결플러스, 2017, 109.

28 리 비치, 유배된 교회, 김광남 역, 새물결플러스, 2017, 117.

29 리 비치, 유배된 교회, 김광남 역, 새물결플러스, 2017, 122.

30 요나서 본문에 대한 해석은 제임스 림버그, 현대성서주석: 호세아-미가, 한국
    장로교출판사, 2004, 223-250에서 아이디어를 얻었습니다.

31 제임스 헌터, 기독교는 어떻게 세상을 변화시키는가, 배덕만 역, 새물결플러스, 2014, 275.

32 I. Howard Marshall, "Biblical Patterns For Public Theology", *European Journal of Theology* 14.2 (2005): 77-78.

33 리처드 커니, 이방인, 신, 괴물, 이지영 역, 개마고원, 2004.

34 그래서 조슈아 지프는 환대가 구원이라고 강력하게 말하기도 합니다. 조슈아 W. 지프, 환대와 구원, 송일 역, 새물결플러스, 2019.

35 파커 J. 파머, 비통한 자들을 위한 정치학, 김찬호 역, 글항아리, 2012, 53.

36 Duncan B. Forrester, "The Scope of Public Theology", *Studies in Christian Ethics* 17.2 (2004): 6.

37 이 부분에 대한 아이디어는 I. Howard Marshall, "Biblical Patterns For Public Theology", *European Journal of Theology* 14.2 (2005): 85-86에서 힌트를 얻었습니다.

38 짐 월리스, 하나님 편에 서라, 박세혁 역, IVP, 2014, 230-231.

39 짐 월리스, 하나님 편에 서라, 박세혁 역, IVP, 2014, 237.

40 폴 핸슨, 현대성서주석: 이사야 40-66, 이인세 역, 한국장로교출판사, 2012, 284.

41 폴 핸슨, 현대성서주석: 이사야 40-66, 이인세 역, 한국장로교출판사, 2012, 279.

42 폴 핸슨, 현대성시주석: 이사야 40-66, 이인세 역, 한국장로교출판사, 2012, 279.

43 J. 리처드 미들턴, 새 하늘과 새 땅, 이용중 역, 새물결플러스, 2015, 154-157.

44 로널드 사이더, 복음전도와 사회운동, 이상원·박현국 역, CLC, 2013, 221.

45 로널드 사이더, 복음전도와 사회운동, 이상원·박현국 역, CLC, 2013, 232-233.

46   로널드 사이더, 복음전도와 사회운동, 이상원·박현국 역, CLC, 2013, 233.

47   브라이언 왈쉬, 세상을 뒤집는 기독교, 강봉재 역, 새물결플러스, 2010, 122.

48   브라이언 왈쉬, 세상을 뒤집는 기독교, 강봉재 역, 새물결플러스, 2010, 60.

49   존 파이퍼, 코로나 바이러스와 그리스도, 조계광 역, 개혁된실천사, 2020, 78.

50   Dan O. Via, *Divine Justice, Divine Judgment: Rethinking the Judgment of Nations*, Fortress Press, 2007, 4.

51   Dan O. Via, *Divine Justice, Divine Judgment: Rethinking the Judgment of Nations*, Fortress Press, 2007, 13-14.

52   Dan O. Via, *Divine Justice, Divine Judgment: Rethinking the Judgment of Nations*, Fortress Press, 2007, 15-16.

53   이 단락에서 본문에 대한 해석은 David Neville, "Justice and Divine Judgement: Scriptural Perspectives for Public Theology", *International Journal of Public Theology* 3.3 (2009): 352-355을 참고했습니다.

54   앤드류 올포드, 아만다 네룬드, 회복적 정의의 정치학, 김복기, 고학준 역, 대장간, 2022, 184-185.

55   윤철원, "빌립보서의 하파스 레고메논인 폴리튜마의 번역 문제", *성경원문연구* 31 (2012), 119.

56   김덕기, "바울의 로마제국에 대한 정치적 태도와 정치신학: 빌립보서 1:27-30과 3:20-21을 중심으로", *신약논단* 17.3 (2010), 713.

57   스탠리 하우어워스, 윌리엄 윌리몬, 하나님의 나그네된 백성, 김기철 역, 복있는사람, 2018.

58   박영호, 빌립보서, 홍성사, 2017, 111.

59   박영호, 빌립보서, 홍성사, 2017, 112.

60   대럴 구더, 증인으로의 부르심, 허성식 역, 새물결플러스, 2016, 137.

61   Karl Barth, *Epistle to the Philippians* (Louisville: Westminster John Knox Press, 2002), 44. 대럴 구더, 증인으로의 부르심, 277에서 재인용.

62 프레드 B. 크래독, 현대성서주석: 빌립보서, 박선규 역, 한국장로교출판사, 2010, 81.

63 프레드 B. 크래독, 현대성서주석: 빌립보서, 박선규 역, 한국장로교출판사, 2010, 85.

64 대럴 구더, 증인으로의 부르심, 51.

65 미로슬라브 볼프, 하나님의 말씀에 사로잡혀, 홍병룡 역, 국제제자훈련원, 2012, 88.

66 미로슬라브 볼프, 하나님의 말씀에 사로잡혀, 홍병룡 역, 국제제자훈련원, 2012, 99.

67 미로슬라브 볼프, 하나님의 말씀에 사로잡혀, 홍병룡 역, 국제제자훈련원, 2012, 99-100.

68 리 비치, 유배된 교회, 김광남 역, 새물결플러스, 2017, 189.

69 스탠리 하우어워스, 하나님의 나그네 된 백성, 52.

70 미로슬라브 볼프, 하나님의 말씀에 사로잡혀, 홍병룡 역, 국제제자훈련원, 2012, 109.

71 페임 퍼킨스, 현대성서주석: 베드로전후서, 야고보서, 유다서, 박종기 역, 한국장로교출판사, 2004, 125.

72 이미 제임스 스미스는 문화적 예전 시리즈 3부작을 통해 이 부분을 탁월하게 설명했습니다. 제임스 스미스, 하나님나라를 욕망하라(2016), 하나님나라를 상상하라(2018), 왕을 기다리며(2019) 이상 IVP에서 출간.

73 김지방, 적과 함께 사는 법, 이야기나무, 2013, 51-52.

74 Pancha Wiguna Yahya, "Christians' Prayer, Missio Dei, and Missio Ecclesiae: An Exegetical Study of 1 Timothy 2: 1-7", *Diligentia: Journal of Theology and Christian Education* 2.1 (2020), 63.

75 Malcolm Gill, *Jesus as Mediator: Politics and Polemic in 1 Timothy 2:1-7* (Bern, Switzerland: Peter Lang, 2008), 117. Pancha Wiguna Yahya, "Christians' Prayer, Missio Dei, and Missio Ecclesiae: An Exegetical

Study of 1 Timothy 2: 1-7", 68에서 재인용.

76 제임스 K. A. 스미스, 왕을 기다리며, 박세혁 역, IVP, 2019, 39.

77 스탠리 하우어워스, 교회됨, 문시영 역, 북코리아, 2010, 225.

78 김도훈, "긍정신학의 최근 연구 동향", *장신논단* 51.5 (2019), 228.

79 김도훈, "긍정신학의 최근 연구 동향", *장신논단* 51.5 (2019), 228.

80 리처드 미들턴, 새 하늘과 새 땅, 이용중 역, 새물결플러스, 2015, 116.

81 Jonathan Pennington, "A biblical theology of human flourishing", *Institute for faith, work and economics* (2015), 6.

82 월터 브루지만, 기독교와 평화, 홍철화 역, 대한기독교서회, 1988, 18.

83 월터 브루지만, 기독교와 평화, 홍철화 역, 대한기독교서회, 1988, 21.

84 월터 브루지만, 기독교와 평화, 홍철화 역, 대한기독교서회, 1988, 28.

85 돈 에버츠, 희망의 이웃, 이지혜 역, 성서유니온선교회, 2022, 38.

86 돈 에버츠, 희망의 이웃, 이지혜 역, 성서유니온선교회, 2022, 39.

87 조나단 T. 페닝턴, 산상수훈과 인간의 번영, 이충재 역, 도서출판에스라, 2020, 404.

88 조나단 T. 페닝턴, 산상수훈과 인간의 번영, 이충재 역, 도서출판에스라, 2020, 405.

89 조나단 T. 페닝턴, 산상수훈과 인간의 번영, 이충재 역, 도서출판에스라, 2020, 406.

90 래리 라스무쎈, 지구를 공경하는 신앙, 한성수 역, 생태문명연구소, 2017, 422.

91 펠릭스 윌프레드 외, 아시아 공공신학, 황경훈 역, 분도출판사, 2021, 95.

공공신학의 눈으로 본 성경

초판 발행 2023년 4월 14일

지은이 최경환
펴낸이 박지나
펴낸곳 도서출판 지우
출판등록 2021년 6월 10일 제399-2021-000036호
이메일 jiwoopublisher@gmail.com
인스타그램 instagram.com/jiwoopub
페이스북 facebook.com/jiwoopub

ISBN 979-11-977440-3-7 03210

ⓒ 최경환

지우
겸손하고 선한 그리스도인들을 위한
좋은 책을 만듭니다.